そこが知りたかった
現場のノウハウ

専門税理士の
相続税務

税理士 **松林優蔵** 監修
税理士 **風岡範哉** 著

清文社

は じ め に

　公社債の評価について、"売買参考統計値が公表されている利付公社債"については、どの実務書を確認しても「平均値と既経過利息の額で評価する」と書いてあります。

　しかし、相続実務の新人だった頃の私には、売買参考統計値が公表されているのか、平均値はどのように調べればよいのか、全く見当もつかず、そこを詳細に教えてくれる書籍にもたどり着きませんでした。

　相続税の実務は、紙面に書いていないことが多く、法令や通達、質疑応答事例を読んだだけではなかなか難しいといえます。また、税法や民法の広い知識を必要とし、実務上のチェックポイントは多岐にわたります。いずれの案件もひとつとして同じものはありません。

　ところが、相続税申告書を作成する税理士及び税理士事務所職員にとって、"実技"を学ぶ研修制度が確立されているとはいえない状況にあります。

　私も、事務所の所長や先輩、仲間の税理士からやり方を見聞きし、年月をかけて知識、ノウハウを蓄積していくという状況でした。

　さて、これから新たに相続税務に対応していこうという方はこのような機会に恵まれるでしょうか。

　そこで、これから相続税の実務に携わる方に対して、できるだけ実践的な技法や誤りやすいポイントを紹介することとしました。相続税務に携わり始めたころの私が望むものを形にしたつもりです。

　本書の主な構成については以下の通りです。

　第1章では、相続税の基本となる計算構造についてふれています。まず相続税の全体の計算過程を知ったうえで、各種の税額控除を漏れなく適用することが必要です。

　第2章では、実務の基幹である財産の認定と評価についてふれています。財産の認定とは、相続税がかかる財産か否かの判定をいい、評価とは当該財産

の時価の算出をいいます。

　例えば、相続開始直前に建物附属設備に資金を投じた場合、それが相続財産となるのか否か、なるとすればどのように評価を行うかといった問題を取り扱っています。

　第3章では、保険金・年金についてふれています。保険金や年金については、近年商品が多様化しており、税務上の取扱いも複雑なものとなっています。なかには、「本来、非課税枠を適用できない定期金に関する権利に非課税枠を適用してしまう」といったケースも散見されますので、取扱いの整理をしています。

　第5章では、名義預金・生前引出についてふれています。名義預金や生前引出は、実務上頻度が高く、税務調査においてもしばしば論点となる項目です。しかし、例えば、その財産が名義預金に該当するのか否か、生前に引き出した資金の取扱いをどのようにすればよいかわからないといった声を多く聞きます。取扱いの法令や通達の定めがないことから、本書にて考え方の整理をしています。

　筆者の経験に基づいた本書の内容が、相続税改正により新たに申告実務に触れることとなった税理士及び税理士事務所職員の方々に活用頂けたら幸せに思います。

　なお、本書では非公開裁決も含めた裁判例や裁決情報を掲載していますが、今日その情報が収集できるのもTAINS（税理士情報ネットワークシステム）税法データーベース編集室の方々のご尽力によるものです。この場を借りて御礼申し上げます。

　最後に本書の刊行の機会を与えてくださった株式会社清文社の代表取締役小泉定裕氏、編集にご尽力いただいた編集部依田文実氏に御礼申し上げます。

平成30年10月

税理士　風岡　範哉

目 次

第1章
相続税の計算

第1節 基本となる相続税の計算──3

1 課税価格の計算──6
課税価格の計算／相続財産を取得しない相続時精算課税適用者がいる場合

2 課税遺産総額の計算──8
課税遺産総額の計算／基礎控除額の計算／養子がいる場合の注意点／節税目的の養子縁組は民法上否認されるのか／相続放棄や廃除がある場合の注意点

3 相続税の総額の計算──13

4 各人の相続税額の計算──14
各相続人の相続税額の計算／あん分割合の調整／納付税額の計算／各相続人等の納付すべき税額が赤字の場合

第2節 相続税額の2割加算──18

1 相続税額の2割加算のしくみ──18

2 相続税額の2割加算の対象にならない者──20

3 相続税額の2割加算の対象になる者──21

4 結婚・子育て資金の非課税の特例を受けていた場合の
相続税額の2割加算の有無──22

第3節 税額控除──25

1 贈与財産の加算と税額控除（暦年課税）──25
生前贈与加算制度のしくみ／加算する贈与財産の範囲／加算しない贈与財産の範囲／相続放棄した者に対する生前贈与加算／「相続の開始前3年以内」とは／養子縁組前の贈与は生前贈与加算の対象か／他の相続人の生前贈与加算を調べる方法

2 配偶者の税額の軽減──39
制度のしくみ／配偶者の税額軽減額の計算方法／適用するための手続／更正又は決

定処分には適用はない／内縁関係にある配偶者への適用の可否／相続放棄した配偶者への適用の可否／配偶者に財産の隠ぺい・仮装があった場合

3 未成年者の税額控除 —— 41

制度のしくみ／生涯限度額／未成年者控除が受けられる者／控除しきれない場合の取扱い

4 障害者の税額控除 —— 47

制度のしくみ／障害者控除が受けられる者／一般障害者の範囲／特別障害者の範囲／障害者として取り扱うことができる者／控除しきれない場合の取扱い／控除後に税額がゼロとなる場合は申告義務はない

5 相次相続控除 —— 53

制度のしくみ／相次相続控除額の計算／相次相続控除が受けられる者

6 外国税額控除 —— 58

制度のしくみ／外国税額控除の計算／制度の趣旨／控除税額の邦貨換算／国外財産の評価／「当該財産の価額」の意義

7 税額控除等の順序 —— 60

第2章 相続財産の範囲と評価

第1節 相続財産の範囲 —— 65

1 相続税がかかる財産 —— 65

本来の相続財産／みなし相続財産／非課税財産／税法における財産と民法における財産

2 申告書への記載要領 —— 68

第2節 財産の評価 —— 70

1 相続財産は時価評価が前提 —— 70

「取得の時」とは／「時価」とは何か

2 財産評価の具体的手法————71

税務通達の趣旨／税務通達には必ず従わなければならないか

第3節 土地の評価————73

1 土地の評価方法————73

路線価地域の土地／倍率地域の土地

2 他人名義の土地————75

第4節 家屋の評価————76

1 家屋の評価————76

自用家屋／貸家の評価

2 固定資産税評価額が付されていない家屋の評価————77

3 建築途中の家屋の評価————80

第5節 附属設備等の評価————82

1 家屋と構造上一体となっている設備————82

2 門、塀等の設備————82

3 庭園設備————82

第6節 構築物の評価————83

1 構築物の評価————83

2 構築物が独立して評価されるべきものか否か————83

第7節 事業用財産の評価————89

1 事業用現預金————89

2 貸付金、売掛金————89

3 受取手形————90

4 器具備品————91

第8節 上場株式の評価 —— 92

1 上場株式の評価 —— 92

上場株式の評価／評価の安全性を考慮する理由

2 端株の調査 —— 94

端株の調査／名簿管理人の株式数証明書の取得

3 株式数の異動履歴 —— 98

4 相続開始直前に上場株式が売却された場合の取扱い —— 98

5 配当期待権 —— 100

配当期待権の認識／相続財産としての配当期待権／未収配当金となる場合／相続財産とならない場合／配当期待権の評価

第9節 公社債の評価 —— 103

1 利付公社債の評価 —— 103

金融商品取引所に上場されている利付公社債／売買参考統計値が公表されている利付公社債／その他の利付公社債／外国公社債の評価

2 国債の評価 —— 112

第10節 証券投資信託受益証券の評価 —— 117

1 証券投資信託受益証券とは —— 117

2 日々決算型の証券投資信託の受益証券 —— 117

3 上記以外の証券投資信託の受益証券 —— 119

第11節 取引相場のない株式の評価 —— 122

1 評価の方式 —— 122

原則的評価方式／特例的評価方式（配当還元方式）

2 株主区分 —— 125

3 特定の評価会社の株式の評価 —— 127

第12節 その他の財産の評価——129

1 未支給給与の取扱い——129

死亡後に支給期が到来する給与／死亡前に支給期が到来している給与

2 準確定申告の還付金——130

3 社会保険料の還付金——130

介護保険料還付金／後期高齢者医療保険料還付金／高額療養費

4 建物更生共済契約（建更）に係る課税関係——132

5 損害賠償請求権——133

6 未収賃料と前受賃料——133

翌月分を当月に収受する契約の場合／当月分を当月に収受する契約の場合／賃料（果実）の課税関係

第**3**章
保険金・年金

第1節 保険金の課税関係——141

1 相続税が課税される場合——141

2 贈与税が課税される場合——141

3 所得税が課税される場合——142

第2節 保険の種類と課税——143

1 生命保険金——143

2 生命保険契約に関する権利——143

3 定期金に関する権利——144

第3節 生命保険金の評価 —— 146

1 生命保険金に含まれるものと含まれないもの —— 146

生命保険金に含まれるもの／生命保険金に含まれないもの

2 生命保険金の評価 —— 147

課税対象生命保険金の金額／非課税限度額の計算／個人年金の一括払いには非課税の適用はない／生命保険金の額／指定受取人が死亡している場合

第4節 生命保険契約に関する権利の評価 —— 154

1 生命保険契約に関する権利の評価 —— 154

2 建物更生共済契約に関する権利の評価はしない —— 154

3 保険金受取人が死亡した場合の課税関係 —— 155

第5節 定期金に関する権利（年金受給権）—— 156

1 相続税のかからない年金受給権 —— 156

厚生年金や国民年金などの遺族年金／厚生年金基金の遺族給付金／国民年金基金からの遺族一時金／未支給の国民年金に係る相続税の取扱い

2 相続税の課税対象になる年金受給権 —— 160

3 年金受給権の評価 —— 163

定期金給付事由が発生しているケース／定期金給付事由が発生していないケース

4 生命保険金か定期金に関する権利か —— 170

5 退職金の支給として取り扱う場合 —— 171

第6節 入院給付金の取扱い —— 174

1 入院給付金の取扱い —— 174

2 受取人が相続人である場合 —— 174

第7節 退職手当金 —— 176

1 相続財産とみなされる退職手当金等 —— 176

2 退職手当金等に含まれるものと含まれないもの —— 176

退職手当金等に含まれるもの／退職手当金等に含まれないもの

3 非課税となる退職手当金等 —— 178

4 弔慰金を受け取ったときの取扱い —— 179

5 雇用主が保険料を負担していた生命保険契約に基づく保険金を受け取った場合 —— 181

6 死亡退職金等の受給者の判定 —— 183

7 退職年金の継続受給権の取扱い —— 183

第4章 債務・葬式費用

第1節 債務控除 —— 187

1 遺産総額から差し引くことができる債務 —— 187

2 控除できない債務 —— 187

3 公租公課の取扱い —— 188

控除される公租公課／未払固定資産税

4 保証債務と連帯債務 —— 189

保証債務と連帯債務／債務控除の可否

5 相続人等による立替金 —— 190

6 団体信用生命保険契約により返済が免除される住宅ローン —— 190

7 遺言執行費用と債務控除 —— 191

8 相続を放棄した者の債務控除 —— 192

第2節 葬式費用 —— 193

1 控除できる葬式費用 —— 193

2 葬式費用には該当しないもの —— 193

3 追善供養は控除できない —— 194

4 納骨費用の控除 —— 194

5 領収証のないお布施や心付けの債務控除の可否 —— 194

第5章
名義預金・生前引出

第1節 名義財産とは何か —— 201

1 名義財産とは —— 201

2 名義財産に該当するか否かの判定 —— 202

財産の資金を誰が拠出しているか／名義人が贈与を受けたものであるか否か／その財産の管理及び運用を誰がしていたか

第2節 預金の引き出しと相続財産の認定 —— 206

1 取引履歴確認の必要性 —— 206

2 生前引出における実務上の取扱い —— 206

第3節 預金調査の具体的な手法 —— 209

第4節 ケーススタディ —— 214

ケース① 相続直前に引き出された現金は相続財産か —— 214

ケース② 被相続人や親族の生活費として費消された現金 —— 217

ケース③ 資金移動は贈与か名義預金か —— 219

ケース④ 贈与の時期による課税関係の相違点 —— 222

ケース⑤ 妻が専業主婦であった場合、生活余剰金（へそくり）は名義預金か —— 226

ケース⑥ 未成年の子供名義の預金は名義預金か —— 230

ケース⑦ 親族への金銭の授受が、貸付金か生前贈与か —— 232

ケース⑧ 不当利得返還請求権が生じるケース —— 235

ケース⑨ 使途不明金の課税関係 —— 238

第6章
相続税の申告

第1節 相続税の申告——249

- **1** 申告納税制度——249
- **2** 申告義務の有無——249
- **3** 申告書の提出期限——250
- **4** 申告書の提出先——250
- **5** 書類の提出方法——250
- **6** 申告書の記載事項と添付書類——251
- **7** 遺産分割協議書の添付——251

第2節 未分割の場合の申告——257

- **1** 未分割の場合の申告——257
- **2** 遺産分割が行われていない場合の各種特例の手続——257
- **3** 数次相続の場合——259

  父の相続（1次相続）について／母の相続（2次相続）について

第3節 更正・決定の期間制限、更正の請求期間——260

- **1** 更正・決定と更正の請求——260
- **2** 更正等の期間制限——260
- **3** 賦課権の除斥期間——261

第4節 期限後申告及び修正申告の特則——263

- **1** 国税通則法の定め——263
- **2** 期限後申告の特則——263
- **3** 修正申告の特則——264

第5節 更正の請求の特則——265

1 国税通則法に定める後発的事由——265

2 相続税法に定める後発的事由——266

3 国税通則法の特則と相続税法の特則の関係——267

4 ケース別 更正の請求の可否——267

申告期限から5年が経過した後の未分割財産の分割／更正の請求において評価誤りに基づく部分の減額を請求することの可否／遺留分の減殺請求があった場合／遺産分割の調停により財産を取得しなくなった場合／不動産の所有権の帰属が異なるものとなった場合／相続時精算課税適用財産について評価誤りが判明した場合

第6節 更正及び決定の特則——271

1 国税通則法の定め——271

2 更正及び決定の特則——271

第7章
附帯税

第1節 加算税の種類——275

1 過少申告加算税（国通法65）——275

趣　旨／税　率

2 無申告加算税（国通法66）——276

趣　旨／税　率

3 重加算税（国通法68）——277

趣　旨／税　率

第2節 **延滞税**——279

■ 1 延滞税とは——279

■ 2 延滞税の割合——279

■ 3 延滞税の計算期間の特例——282

第3節 **還付加算金**——284

■ 1 還付加算金の金額——284

■ 2 還付加算金の起算日——285

演習問題

問1 ——— 基礎控除額の計算 ——— 12

問2 ——— 2割加算対象者① ——— 23

問3 ——— 2割加算対象者② ——— 24

問4 ——— 生前贈与加算額・贈与税額控除額 ——— 28

問5 ——— 生前贈与加算額の有無 ——— 37

問6 ——— 未成年者控除額 ——— 44

問7 ——— 障害者控除額 ——— 52

問8 ——— 相次相続控除額 ——— 56

問9 ——— 固定資産税評価額が付されていない家屋の評価 ——— 78

問10 ——— 建築途中の家屋の評価 ——— 80

問11 ——— 構築物の評価 ——— 86

問12 ——— 配当期待権の評価 ——— 101

問13 ——— 生命保険金の評価 ——— 148

問14 ——— 個人年金の一括払いの取扱い ——— 149

問15 ——— 年金受給権の評価① ——— 165

問16 ——— 年金受給権の評価② ——— 169

問17 ——— 生命保険金か定期金に関する権利かの判断 ——— 170

問18 ——— 退職手当金等の額 ——— 180

（注）本書の内容は著者の見解に基づくものであり、文責は著者にあります。

―――――― 凡　例 ――――――

相法	相続税法
相令	相続税法施行令
相基通	相続税法基本通達
財評通	財産評価基本通達
民	民法
所令	所得税法施行令
所基通	所得税基本通達
国通法	国税通則法
措法	租税特別措置法
法基通	法人税基本通達
最高裁平成29年1月31日判決	最高裁判所平成29年1月31日判決
東京高裁平成11年9月30日決定	東京高等裁判所平成11年9月30日決定
東京地裁平成9年5月29日判決	東京地方裁判所平成9年5月29日判決
平成20年4月17日裁決	国税不服審判所平成20年4月17日裁決
税資	税務訴訟資料
裁事	裁決事例集
判時	判例時報
TAINS	税理士情報ネットワークシステム
LEX/DB	TKC法律情報データベース

【条数等の略記】

相法15③一	相続税法第15条第3項第1号

（注1）本書の内容は平成30年9月末日現在の法令等に基づいています。

（注2）本書に登場する人物名、団体名等はすべて架空のものです。

第1章

相続税の計算

基本となる相続税の計算

第1節

相続税の計算方法について、順序を追って説明すると次のとおりです。

① 課税価格の計算

まず、被相続人の遺産総額に、相続時精算課税適用財産（7頁参照）を加算します。そこから非課税財産や債務、葬式費用を差し引いて、遺産額（純資産価額）を算出します。

さらに、遺産額（純資産価額）に相続開始前3年以内の贈与財産を加算し、課税価格（正味の遺産額ともいいます）を算出します。

② 課税遺産総額の計算

課税価格から基礎控除額を差し引いたものを課税遺産総額といいます。これが相続税の課税対象となります。

③ 相続税総額の計算

相続税の計算は、相続人間で遺産をどのように分割したかに関係なく、課税遺産総額を民法上の法定相続分に応じて取得したものと仮定して、相続人ごとに遺産の取得金額を計算します。

次に、その（法定）取得金額にそれぞれ相続税の税率を掛けて税額を計算し、各人の税額を合計して相続税の総額を計算します。

④ 各相続人の納付すべき相続税額の計算

最後に、相続税の総額を、課税価格の合計額に占める各相続人が相続する課税価格の割合であん分した金額が各人の相続税額となります。

第1節 基本となる相続税の計算 3

　平成26年12月31日以前の相続又は遺贈の開始（死亡の日）の場合
　　5,000万円＋1,000万円×法定相続人の数
　平成27年1月1日以後の相続又は遺贈の開始（死亡の日）の場合
　　3,000万円＋600万円×法定相続人の数

（注）被相続人に養子がいる場合、法定相続人の数に含める養子の数は、実子がいる場合は1人、実子がいない場合には2人までとなります。

（非課税財産）
1　墓所、仏壇、祭具など
2　国や地方公共団体、特定の公益法人等に寄付した財産
　　（相続税の申告に際し、一定の手続き等が必要です。）
3　生命保険金（死亡保険金）のうち次の額まで
　　500万円×法定相続人の数
4　死亡退職金のうち次の額まで
　　500万円×法定相続人の数

（出典）国税庁タックスアンサー No.4102「相続税がかかる場合」

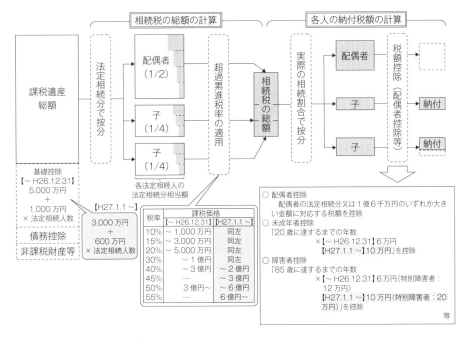

(出典）財務省 相続税の仕組み

実務上のポイント

　相続人が2人のケースで、遺産の取得割合が長男と二男で半々のとき、相続税総額も半々で負担します。取得割合が長男7：二男3のとき、相続税総額を長男7：二男3で負担します。

　なお、相続税は、遺産総額だけで計算するものではありません。したがって、同じ1億円の遺産であっても、相続人の数によって相続税額はかわってきます。

　また、各相続人が実際に取得した財産に直接税率を乗じるというものでもありません。課税遺産総額を民法に定める相続分であん分し、これに税率を乗じるものです。同じ3,000万円を遺産相続した場合であっても、税率が55％かかるケースもあれば無税のケースもあります。

以下、それぞれのステップについて詳しく解説します。

1 課税価格の計算

1 課税価格の計算

　第一に、相続や遺贈及び相続時精算課税適用財産を取得した人ごとに、次のように計算して課税価格を算出します。

　まず、取得財産に税法上のみなし相続財産、相続時精算課税適用財産を加えます。

　そこから非課税財産と債務及び葬式費用を控除して純資産価額を求めます。

　さらに純資産価額に、相続開始前3年以内の贈与財産を加算して課税価格を求めます。

（算式）

相続又は遺贈により取得した財産の価額 ＋ みなし相続等により取得した財産の価額 ＋ 相続時精算課税に係る贈与財産の価額 － 非課税財産の価額 － 債務及び葬式費用の額

＝ 純資産価額
（赤字のときは0）

純資産価額 ＋ 相続開始前3年以内の贈与財産の価額 ＝ 課税価格
（千円未満切捨て）

申告書第1表の記載は以下の通りです。

2 相続財産を取得しない相続時精算課税適用者がいる場合

　相続時精算課税の贈与者である親が死亡した場合、相続時精算課税の受贈者が贈与者から相続又は遺贈により財産を取得しない場合であっても、相続時精算課税の適用を受けた贈与財産は、贈与の時の価額で相続税の課税価格に算入されます。

（参考）相続時精算課税制度

　相続時精算課税制度とは、原則として60歳以上の父母又は祖父母から、20歳以上の子又は孫に対し、財産を贈与した場合において選択できる贈与税の制度です。

　この制度を選択すると、選択に係る贈与者からの贈与については、その年分以降のすべてにこの制度が適用され、「暦年課税」へ変更することはできません。

　相続時精算課税においては、複数年にわたり利用できる特別控除額（限度額：2,500万円）があります。特別控除額を超えた分については、一律20％の税率を乗じた贈与税がかかります。

　贈与者である父母又は祖父母が亡くなった場合、相続財産の価額にこの制度を適用した贈与財産の価額（贈与時の時価）を加算し、既に納めた贈与税額があればこれを控除して相続税額を計算します。

　この制度を選択する場合には、贈与を受けた年の翌年の2月1日から3月15日の間に一定の書類を添付した贈与税の申告書を提出する必要があります。

第1節　基本となる相続税の計算　　7

実務上のポイント

　相続税申告にあたって、相続時精算課税制度の適用の有無は必ず確認するポイントです。

　とくに、過去に相続人が住宅を建てる際に贈与を受けたなどという場合には、相続時精算課税を使って贈与を受けている可能性が高いといえます。

2　課税遺産総額の計算

1　課税遺産総額の計算

第二に、課税価格から基礎控除額を控除して課税遺産総額を算出します。

（算式）

　課税遺産総額 ＝ 課税価格の合計額 － 基礎控除額

2　基礎控除額の計算

　遺産に係る基礎控除額は、次の算式により計算した金額となります（相法15①）。

（算式）

　基礎控除額 ＝3,000万円 ＋（600万円 × 法定相続人の数 ）

　相続税は、課税される相続財産の額（正味の遺産額）が基礎控除額を超える場合において、障害者控除等を控除してもなお相続税額があるときに申告が必要となります。

なお、平成27年改正前後における法定相続人の数による基礎控除額は以下の通りです。

法定相続人の数	1人	2人	3人	4人	5人
改正前	6,000万円	7,000万円	8,000万円	9,000万円	1億円
改正後	3,600万円	4,200万円	4,800万円	5,400万円	6,000万円

(参考) 平成27年税制改正の影響

相続税の課税割合は、平成6年以降4～5％台を推移していましたが、平成27年改正の影響により8.0％となっています。

課税割合の推移に着目したグラフが以下のものです。

また、配偶者の税額軽減や小規模宅地等の特例の適用により、納税額がゼロとなる申告を含めた申告割合については、改正前は5.7％でしたが、改正後は10.3％となっています。

課税割合の推移

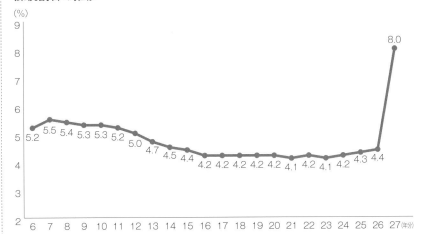

(出典) 国税庁「平成26年分の相続税の申告状況について（平成27年12月）」及び「平成27年分の相続税の申告状況について（平成28年12月）」を基に作成

第1節　基本となる相続税の計算　9

3 養子がいる場合の注意点

　基礎控除額の算定における法定相続人の数は、基本的には民法と同じくするところですが、税法上いくつかの点で違いがあります。

　まず、法定相続人の中に養子がいる場合は、数に含める養子の数は、

・被相続人に実子がいる場合は、養子のうち1人まで

・被相続人に実子がいない場合は、養子のうち2人まで

となります（相法15②）[1]。

　以下の者は、実子とみなされます（相法15③、相令3の2）。

イ　特別養子縁組による養子（民817の2①）

ロ　被相続人の配偶者の実子で被相続人の養子となった者

　　なお、被相続人の配偶者が先に死亡しており、その死亡の後に当該配偶者の実子と被相続人との間で養子縁組があった場合は、婚姻関係が、離婚又は夫婦の一方が死亡した場合において生存配偶者が姻族関係を終了させる意思を表示したときに終了する（民728）ものであることから、上記意思表示がない限り、当該配偶者の死亡の後であっても婚姻関係が継続し、「当該被相続人の配偶者の実子で当該被相続人の養子となった者（相法15③一）」にあたることとなります（相基通15-6）。

ハ　被相続人との婚姻前に当該配偶者の特別養子縁組による養子となった者で、当該婚姻後に当該被相続人の養子となった者

1　かつては税法上養子の数に制限はありませんでしたが、複数の者を養子として相続人の数を増やすことにより、相続税の負担を回避する事例が見受けられたことから昭和63年税制改正で措置がなされました。

実務上のポイント

養子の数は税務上制限がありますが、縁組自体は何人でも行えます。
養子の数が多ければ、遺言における遺留分を減らす効果があります。

4 節税目的の養子縁組は民法上否認されるのか

節税目的のための養子が民法上の養子縁組としての効力があるのかという点ですが、養子縁組は、税負担軽減が目的であったとしても直ちには無効となるものではないとされています(東京高裁平成11年9月30日決定〔判時1703号140頁〕)。

なぜなら、相続税の節税の動機と縁組をする意思は併存し得るもので、専ら相続税の節税のために養子縁組をする場合であっても、直ちに当該養子縁組について、縁組が無効となる「当事者間に縁組をする意思がないとき[2]」にあたるとすることはできないと解されているからです(最高裁平成29年1月31日判決〔裁判所時報1669号1頁〕)。

ただし、制限内の養子であっても、相続人の数に算入することが、相続税の負担を不当に減少させる結果となると認められる場合においては、税務署長は、その数を除外することができるとされていることに留意が必要です(相法63)。

5 相続放棄や廃除がある場合の注意点

基礎控除額の算定にあたっては、相続の放棄をした人がいても、その放棄がなかったものとした場合の相続人の数とします。放棄した者に子供がいても代襲相続人にはなりませんので、その子は相続人の数に含めません。

一方、相続人から廃除されている者がある場合は、相続人の数には含めません。

---

2 人違いその他の事由によって当事者間に縁組をする意思がないとき、縁組は無効となります(民802①)。

ただし、廃除された者に子供がいる場合には代襲相続人となることから、その子は相続人の数に含まれます。

実務上のポイント

　遺産に係る基礎控除（相法15）の法定相続人の考え方は、死亡保険金の非課税（相法12①五）、死亡退職金の非課税（同法12①六）、相続税の総額（相法16）においても同様となります。

演習問題　問1 ──────────────────────────── 基礎控除額の計算

以下の①～⑤の場合において、基礎控除額はいくらになりますか。

① 　相続人が配偶者と子供3人の場合

② 　相続人が配偶者と、被相続人の兄弟4人の場合

③ 　相続人が配偶者と、実子1人、養子2人の場合

④ 　相続人が配偶者と、養子2人の場合

⑤ 　相続人が配偶者と、子供3人で、内1人が相続放棄をした場合

解答

それぞれ基礎控除額は以下の通りとなります。

① 　3,000万円＋（600万円×4人）＝5,400万円

② 　3,000万円＋（600万円×5人）＝6,000万円

③ 　3,000万円＋（600万円×3人）＝4,800万円

④ 　3,000万円＋（600万円×3人）＝4,800万円

⑤ 　3,000万円＋（600万円×4人）＝5,400万円

3 相続税の総額の計算

第三に、相続税の総額を計算します。

① 課税遺産総額を、各法定相続人が民法の法定相続分に従って取得したものとして、各法定相続人の取得金額を計算します(算式の(イ))。

② そして、上記で計算した各法定相続人の取得金額に税率を乗じて相続税の総額の基となる税額を算出します(算式の(ロ))。

③ 最後に、各法定相続人の算出税額を合計して相続税の総額を計算します(算式の(ハ))。

(算式)

(イ) 課税遺産総額 × 各法定相続人の法定相続分

= 法定相続分に応ずる各法定相続人の取得金額(千円未満切り捨て)

(ロ)(イ) × 税率* = 算出税額

(ハ) 各法定相続人の算出税額の合計 = 相続税の総額

*平成27年1月1日以後の相続税の税率は、次のとおりとなります(相法16)。

相続税の速算表

法定相続分に応ずる取得金額	税率	控除額
1,000万円以下	10%	―
3,000万円以下	15%	50万円
5,000万円以下	20%	200万円
1億円以下	30%	700万円
2億円以下	40%	1,700万円
3億円以下	45%	2,700万円
6億円以下	50%	4,200万円
6億円超	55%	7,200万円

第1節　基本となる相続税の計算　13

4 各人の相続税額の計算

1 各相続人の相続税額の計算

　第四に、相続税の総額を、財産を取得した人の課税価格に応じて割り振って、財産を取得した人ごとの税額を計算します。

（算式）

　相続税の総額 × 各人の課税価格／課税価格の合計額
　　　　　　　　　　　　あん分割合

＝ 各相続人等の税額

2 あん分割合の調整

　課税価格の合計額のうちに占める、各相続人の課税価格の割合をあん分割合といいます。

各人の算出税額の計算	法定相続人の数	遺産に係る基礎控除額		3 人		4 8 0 0 0 0 0 0	円	Ⓑ	左の欄には、第2表の②欄の㋺の人数及び㋩の金額を記入します。		
	相続税の総額	⑦			1 3 0 5 0 5 0 0 0			左の欄には、第2表の⑧欄の金額を記入します。			
	一般の場合（⑩の場合を除く）	あん分割合 各人の⑥／Ⓐ	⑧			1 . 0 0			0 . 5 1		
		算出税額（⑦×各人の⑧）	⑨		1 3 0 5 0 5 0 0 0		円			6 6 5 5 7 5 5 0	円
	農地等納税猶予の適用を受ける場合	算出税額（第3表の⑬）	⑩				円				円
	相続税額の2割加算が行われる場合の加算金額（第4表1の⑥）		⑪				円				円

（注）この場合のあん分割合は0.51

　あん分割合に小数点以下2位未満の端数が生じた場合には、各取得者の割合の合計値が1になるようその端数を調整して各取得者の相続税額を計算して差し支えないものとされています（相基通17-1）。

① 2割加算対象者がいる場合

　例えば、相続人が長男と2割加算（本章第2節参照）の対象となる孫養子である場合、あん分割合を調整することで税額が変わってきます。

【ケース1】

　課税価格　　　6億円

　相続税の総額　1億9,710万円

　調整しない場合の納税額は、2億1,352万4,900円となります。

		長男	孫（養子）
課税価格	600,000,000円	350,000,000円	250,000,000円
相続税の総額	197,100,000円		
あん分割合	1.00	0.5833333333	0.4166666667
算出税額	197,099,999円	114,974,999円	82,125,000円
2割加算	16,425,000円	－	16,425,000円
納税額（百円未満切捨て）	213,524,900円	114,974,900円	98,550,000円

　小数点第2位未満を調整すると、納税額は2億1,326万2,200円となります。

		長男	孫（養子）
課税価格	600,000,000円	350,000,000円	250,000,000円
相続税の総額	197,100,000円		
あん分割合	1.00	0.59	0.41
算出税額	197,100,000円	116,289,000円	80,811,000円
2割加算	16,162,200円	－	16,162,200円
納税額（百円未満切捨て）	213,262,200円	116,289,000円	96,973,200円

　あん分割合を調整することにより26万2,700円の違いが出てきます。

第1節　基本となる相続税の計算　15

② 配偶者に寄せても納税額は変わらない

　なお、配偶者と子が相続人である場合、あん分割合の端数処理により切り捨てられた部分は配偶者の税額軽減を受けることができませんので、配偶者に端数を寄せても、税負担に違いは出ません。

【ケース2】

　課税価格　　　6億円
　相続税の総額　1億9,710万円

　調整しない場合の納税額は、1億511万9,900円となります。

		配偶者	子
課税価格	600,000,000円	280,000,000円	320,000,000円
相続税の総額	197,100,000円		
あん分割合	1.00	0.4666666667	0.5333333333
算出税額	197,099,999円	91,980,000円	105,119,999円
配偶者の税額軽減	△91,980,000円	△91,980,000円	－
納税額（百円未満切捨て）	105,119,900円	0円	105,119,900円

　小数点第2位未満を調整した結果、納税額は1億512万円となります。

		配偶者	子
課税価格	600,000,000円	280,000,000円	320,000,000円
相続税の総額	197,100,000円		
あん分割合	1.00	0.47	0.53
算出税額	197,100,000円	92,637,000円	104,463,000円
配偶者の税額軽減	△91,980,000円	△91,980,000円	－
納税額（百円未満切捨て）	105,120,000円	657,000円	104,463,000円

　端数を調整しても納税額に違いは出ません。

実務上のポイント

　このあん分割合の調整により、各人の納付すべき相続税額が変動します。

　ただし、相続人等の全員が選択した方法によることが要件であるので、相続人への十分な説明と合意を必要とします。

3　納付税額の計算

　そして、各相続人等の算出税額から各種の税額控除額を控除し、各人の納付すべき税額を計算します。

　財産を取得した者が相続税額の2割加算の対象者である場合は、税額控除を差し引く前の相続税額にその2割相当額を加算した後、税額控除額を差し引きます。

　各種の税額控除等は次の順序で計算します。

（算式）

各相続人等　　相続税額の　　暦年課税分の
の税額　　＋　2割加算　　－　贈与税額控除　　－ 配偶者の税額軽減 － 未成年者控除

　－ 障害者控除 － 相次相続控除 － 外国税額控除 ＝ 各相続人等の控除後の税額
　　　　　　　　　　　　　　　　　　　　　　　　　（赤字の場合は0になります）

各相続人等の　　相続時精算課税分の
控除後の税額　－　贈与税相当額　　　＝ 各相続人等の納付すべき税額
　　　　　　　　（外国税額控除前の税額）

4　各相続人等の納付すべき税額が赤字の場合

　相続税額から控除しきれない相続時精算課税に係る贈与税相当額については、相続税の申告をすることにより還付を受けることができます。

　ただし、暦年贈与の加算において控除しきれない贈与税相当額については、相続税の申告還付がされないことに注意が必要です。

第2節 相続税額の2割加算

1 相続税額の2割加算のしくみ

　相続又は遺贈、相続時精算課税に係る贈与によって財産を取得した者が、被相続人の一親等の血族及び配偶者以外の者である場合には、相続税の額に2割が加算されます（相法18）。一親等の血族とは、被相続人の父母、子をいい、代襲相続人となった孫（直系卑属）を含みます。

親族・親等図表

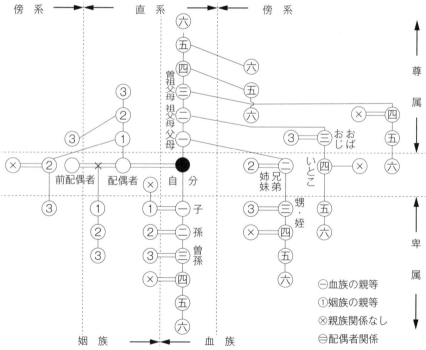

（出典）東京国税局資産課税課資産評価官「資産税審理研修資料」（平成24年7月）

実務上のポイント

　配偶者と漢数字の一以外の者が財産を取得した場合、2割加算の対象となります。

（参考）親族関係を示す用語
　「親族」とは、①六親等内の血族、②配偶者、③三親等内の姻族をいいます（民725）。
　また、「血族」とは、血縁の連絡する自然血族及びこれに準ずる関係にある法定血族をいい、「姻族」とは、自己とその配偶者の血族との関係、あるいは自己の血族とその配偶者との関係をいいます。
　親族関係を示す用語を確認しておきます。

用　語	内　　　容	例
親等	血縁関係の遠近を表します。親等数が少ない間の者ほど近い関係にあるといえます。	・自己の父母⇒一親等 ・自己の実子・養子⇒一親等 ・自己の孫⇒二親等 ・自己の配偶者の父母⇒一親等
血族	自然的に血縁のある者(自然血族)又は法的に血縁があると擬制された者(法定血族)をいいます。	・自然血族⇒親・子・孫・兄弟姉妹 ・法定血族⇒養子・養親
姻族	自己と自己の配偶者の血族との関係、あるいは、自己の血族と自己の配偶者との関係をいいます。	・自己の姻族⇒自己の配偶者の親、兄弟姉妹など
直系	対象となる2人の血族のいずれか一方が他方の子孫である場合、血縁が直下する形で結びつく関係をいいます。	・父母と子の関係 ・祖父母と孫の関係

第2節　相続税額の2割加算　19

傍系 (ぼうけい)	2人の血族が、同一の始祖から分岐した2つの親系に属する関係をいいます。	・兄弟姉妹間
卑属 (ひぞく)	親族のうち、自己又は自己の配偶者の子及び子と同じ世代を含めて下の世代の者をいいます。	・子、孫、甥姪など
尊属 (そんぞく)	親族のうち、自己又は自己の配偶者の父母及び父母と同じ世代を含めて上の世代の者をいいます。	・父母、祖父母、叔父叔母など
配偶者	法律上夫婦の一方にとって他方をいいます。配偶者関係は婚姻により成立します。	－

(出典)東京国税局資産課税課資産評価官「資産税審理研修資料」(平成24年7月)を参考に筆者作成

2 相続税額の2割加算の対象にならない者

被相続人の養子は、一親等の法定血族にあたることから、相続税額の2割加算の対象とはなりません。

子の配偶者が養子となっている場合も2割加算の対象とはなりません。

ただし、孫が養子となっている場合は、代襲相続人となっているときを除き、相続税額の2割加算の対象になります(相法18②)。

また、2割加算の適用は、相続人であるか否かは問われませんので、欠格や廃除、放棄により相続人でなくなった一親等血族が遺贈により財産を取得した場合であっても加算の対象とはなりません(相基通18-1)。

20　第1章　相続税の計算

3 相続税額の2割加算の対象になる者

　被相続人から相続又は遺贈により財産を取得した兄弟姉妹や甥姪、孫養子（代襲相続人にはなっていない孫）は、相続税額の2割加算の対象になります。

○　相続税額の2割加算の対象となる人

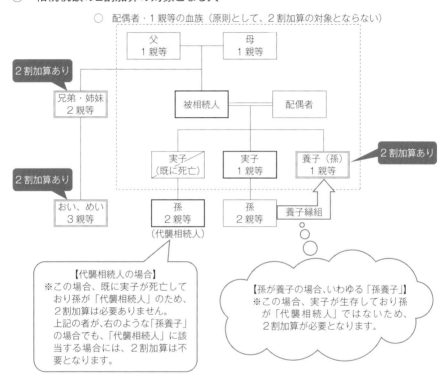

（出典）国税庁ホームページ

4 結婚・子育て資金の非課税の特例を受けていた場合の相続税額の2割加算の有無

　贈与者が、結婚・子育て資金の非課税の適用に係る贈与をした日からその贈与に係る結婚・子育て資金管理契約の終了の日までの間に死亡した場合、受贈者は、管理残額を相続又は遺贈により取得したものとみなされます。

　ただし、祖父母から孫へと贈与された分の管理残額に対応する相続税額については、相続税額の2割加算の適用はありません（措置法70の2の3⑩四）。

（参考）結婚・子育て資金の非課税制度

　結婚・子育て資金の非課税の特例とは、平成27年4月1日から平成31年3月31日までの間に、20歳以上50歳未満の個人が、結婚・子育て資金に充てるため、その直系尊属から贈与により取得した金銭を銀行等において預金もしくは貯金として預入をした場合に、1,000万円（結婚に際して支払う金銭については300万円）までは贈与税が非課税となる制度をいいます。

　ただし、契約期間中に贈与者が死亡した場合には、死亡日における残額（管理残額）を贈与者から相続したこととなります。

実務上のポイント

　直系卑属が養子となっている場合は2割加算の対象となりますが、当該養子が代襲相続人でもある場合は2割加算の対象とはなりません（①及び②）。

　また、欠格や廃除、放棄により相続人でなくなった一親等血族が遺贈により財産を取得した場合であっても加算の対象とはなりません。

　被相続人と相続人の態様別にみた2割加算の適用の有無は、次表のとおりです。

22　第1章　相続税の計算

	被相続人の相続人の態様	2割加算の適用
①	直系卑属が養子の場合	あり
②	子の代襲相続人である直系卑属が養子の場合	なし
③	相続欠格、廃除又は放棄により相続人でなくなった一親等血族	なし
④	相続欠格、廃除又は放棄により相続人でなくなった一親等血族以外の親族	あり

演習問題　問2　―――――――――――――――――――　2割加算対象者①

被相続人甲が亡くなりました。下記のうち、相続又は遺贈により財産を取得した者にかかる相続税額の2割加算対象者はどれでしょうか。

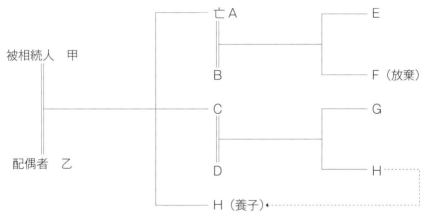

(注)「亡」と表記した者は、被相続人よりも先に死亡した者である（以下同じ）。

解答

相続人は乙、E、C、Hとなります。

また、相続又は遺贈により財産を取得した場合の2割加算の対象者は、以下の通りとなります。

相続又は遺贈による財産の取得者	2割加算の適用	備　考
乙	なし	配偶者
B、D	あり	一親等の姻族
C	なし	一親等の血族
E	なし	代襲相続人となる孫
F	あり	相続人ではないため
G	あり	二親等への遺贈のため
H	あり*	孫養子のため

＊　仮にCが被相続人より先に死亡している場合、Hは孫養子であっても2割加算の適用はありません。

演習問題　問3 ─────────────────────── 2割加算対象者②

被相続人甲が亡くなりました。甲には配偶者及び子がいません。

A及びBは2割加算対象者となりますか。

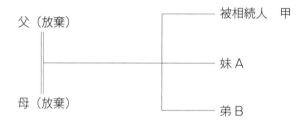

解答

相続又は遺贈による財産の取得者	2割加算の適用	備　考
父、母	なし	一親等の血族
A、B	あり	二親等の血族

直系尊属が放棄をしているため、兄弟姉妹が相続人となります。

兄弟姉妹(二親等)であるA及びBは2割加算の対象です。

第3節 税額控除

1 贈与財産の加算と税額控除（暦年課税）

1 生前贈与加算制度のしくみ

相続又は遺贈により財産を取得した者が、被相続人からその相続開始前3年以内に贈与を受けた財産があるときには、その者の相続税の課税価格に"贈与財産の贈与の時の価額"が加算されます（相法19）。

また、その加算された贈与財産についての贈与税の額は、加算された者の相続税から控除されることになります。

これを、生前贈与加算制度や暦年贈与加算制度といいます。

2 加算する贈与財産の範囲

課税価格に加算する贈与財産は、被相続人から生前に贈与された財産のうち、相続開始前3年以内に贈与されたものです。

3年以内であれば贈与税がかかっていたかどうかに関係なく加算されるため、基礎控除額110万円以下の贈与財産や死亡した年に贈与されている財産の価額も加算されることに注意が必要です。

3 加算しない贈与財産の範囲

生前贈与加算は、相続又は遺贈により財産を取得した者が対象となります。

相続人が生前贈与を受けていても、相続で取得する財産がない場合には過去の贈与財産は加算する必要はありません（相基通19-3）。

第3節 税額控除 25

また、被相続人から生前に贈与された財産であっても、次の財産については加算する必要はありません。

・贈与税の配偶者控除の特例を受けている財産のうち、その配偶者控除額に相当するもの。
・直系尊属から贈与を受けた住宅取得等資金のうち、非課税の適用を受けたもの。
・直系尊属から一括贈与を受けた教育資金、結婚・子育て資金のうち、非課税の適用を受けたもの。

　例えば、祖父から結婚・子育て資金1,000万円の贈与を受けていましたが、その後祖父が亡くなり、300万円の管理残額があったとします。

　この場合、贈与者(祖父)が死亡した場合において、管理残額300万円は、その贈与者から相続又は遺贈により取得したものとみなされます。

　ただし、当該孫に相続開始前3年以内に被相続人から暦年贈与に係る贈与によって取得した財産があったとしても、結婚・子育て資金の贈与者から相続又は遺贈により管理残額以外の財産を取得していなければ生前贈与加算はありません[3]。

3　大阪国税局資産課税課「資産課税関係　誤りやすい事例(相続関係平成27年分)」参照。

26　第1章　相続税の計算

(参考)贈与税の税率

参考として、贈与税の税率を挙げておきます。

【一般贈与財産用】(一般税率)

この速算表は、「特例贈与財産用」に該当しない場合の贈与税の計算に使用します。

例えば、兄弟間の贈与、夫婦間の贈与、親から子への贈与で子が未成年者の場合などに使用します。

基礎控除後の 課税価格	200万円 以下	300万円 以下	400万円 以下	600万円 以下	1,000万円 以下	1,500万円 以下	3,000万円 以下	3,000万円 超
税　率	10%	15%	20%	30%	40%	45%	50%	55%
控除額	-	10万円	25万円	65万円	125万円	175万円	250万円	400万円

【特例贈与財産用】(特例税率)

この速算表は、直系尊属(祖父母や父母など)から、その年の1月1日において20歳以上の者(子・孫など)への贈与税の計算に使用します。

例えば、祖父から孫への贈与、父から子への贈与などに使用します。

基礎控除後の 課税価格	200万円 以下	400万円 以下	600万円 以下	1,000万円 以下	1,500万円 以下	3,000万円 以下	4,500万円 以下	4,500万円 超
税　率	10%	15%	20%	30%	40%	45%	50%	55%
控除額	-	10万円	30万円	90万円	190万円	265万円	415万円	640万円

なお、平成26年分以前の贈与における税率は以下の通りです。

(改正前の税率表)

基礎控除後の 課税価格	200万円 以下	300万円 以下	400万円 以下	600万円 以下	1,000万円 以下	1,000万円 超
税　率	10%	15%	20%	30%	40%	55%
控除額	-	10万円	25万円	65万円	125万円	225万円

演習問題 問4 ── 生前贈与加算額・贈与税額控除額

次の設例に基づき、生前贈与加算の額及び贈与税額控除を求めてください。

被相続人甲は、平成29年9月10日に死亡しました。

相続開始前3年以内の応当日は、平成26年9月10日となります。

(1) 配偶者乙について

被相続人甲の配偶者乙は、平成27年12月10日、甲から配偶者控除の特例を受けて居住用不動産の持分（2,000万円相当）の贈与を受けました。

(2) 長男Aについて

被相続人甲の長男Aは、甲から相続により財産を取得しており、生前に贈与により取得した財産は次の通りです。

	贈与年月日	贈与者	財産の種類	贈与時の価額	贈与税額
①	平成26年5月	被相続人甲	現金	5,000千円	2,310千円
②	平成26年11月	被相続人甲	現金	5,000千円	
③	平成28年3月	被相続人甲	現金	6,000千円	680千円
④	平成29年7月	被相続人甲	株式	4,000千円	―

(3) 二男Bについて

被相続人甲の二男Bは、甲から相続により財産を取得しており、生前に贈与により取得した財産は次の通りです。

なお、Bについては、平成18年分より25,000千円の相続時精算課税の適用を受けていますが、それ以降は誤って暦年贈与の申告をしていました。

	贈与年月日	贈与者	財産の種類	贈与時の価額	贈与税額
①	平成18年 6 月	被相続人甲	現金	25,000千円	0円
②	平成25年 5 月	被相続人甲	現金	5,000千円	530千円
③	平成26年11月	被相続人甲	現金	6,000千円	820千円
④	平成28年 3 月	被相続人甲	現金	1,000千円	0円
⑤	平成29年 7 月	被相続人甲	株式	4,000千円	―
合　計				41,000千円	1,350千円

解答

（1）配偶者乙について

贈与税の配偶者控除の特例を受けている財産のうち、その配偶者控除額に相当するものであるため、生前贈与加算はありません。

（2）長男Aについて

生前贈与加算する贈与財産は、②～④の合計15,000千円となります。

控除する贈与税額については、下記の通り1,835千円となります。

（1）　平成26年分　$2,310千円 \times \dfrac{5,000千円}{5,000千円+5,000千円} = 1,155千円^*$

（2）　平成28年分　680千円（特例贈与）

（3）　平成29年分　なし

（4）　合計　1,835千円

＊　平成26年9月10日からの贈与が生前贈与加算の対象となるため、①平成26年5月贈与分と②平成26年11月贈与分とで、平成26年分贈与税額をあん分します。

（3）二男Bについて

　相続財産に加算する相続時精算課税適用財産は、①～⑤の合計41,000千円となります。

　控除する贈与税額について、正しくは下記①～④の合計2,400千円となります。

	贈与年月日	贈与者	財産の種類	贈与時の価額	贈与税額
①	平成18年6月	被相続人甲	現金	25,000千円	0円
②	平成25年5月	被相続人甲	現金	5,000千円	1,000千円
③	平成26年11月	被相続人甲	現金	6,000千円	1,200千円
④	平成28年3月	被相続人甲	現金	1,000千円	200千円
⑤	平成29年7月	被相続人甲	株式	4,000千円	－
合　　計				41,000千円	2,400千円

実務上のポイント

　相続時精算課税の適用者については、その選択に係る贈与者からの贈与は選択をした年分以降すべての財産が含まれることに注意が必要です。

　また、贈与を受けた財産が110万円以下であっても、贈与税の申告及び相続時に加算が必要となります。

4　相続放棄した者に対する生前贈与加算

　相続を放棄したとしても、生命保険金や生命保険契約に関する権利といったみなし相続財産を受け取っている場合には、遺贈により財産を取得した者となります。

　この場合には、相続開始前3年以内に被相続人から贈与された財産が、加算の対象となります。

5 「相続の開始前3年以内」とは

「相続の開始前3年以内」とは、相続の開始の日からさかのぼって3年目の応当日から当該相続の開始の日までの間をいいます(相基通19-2)。

例えば、死亡日(相続開始の日)を平成24年9月10日とすると、次のようになります。

・相続開始日　　平成24年9月10日
・3年前の応当日　平成21年9月10日

この場合には、相続の開始前3年以内というのは、平成21年9月10日から平成24年9月10日までの間ということになります。

6 養子縁組前の贈与は生前贈与加算の対象か

相続税対策として暦年贈与を受けていた孫が途中から養子になったとします。

この場合、その孫養子が被相続人から贈与を受ける時期が、養子縁組をする前であるか後であるかを問わず、被相続人の相続開始前3年以内の贈与であるものについては、贈与財産の価額を相続税の課税価格に加算することになります。

7 他の相続人の生前贈与加算を調べる方法

① 開示請求手続の必要性

相続税の計算上、相続人が複数いる場合、他の相続人に対する生前贈与財産を加算した上で相続税の申告をしなければなりません。

しかし、相続人間で不仲であるといったケースにおいては、他の相続人が生前贈与における贈与税の申告をしているか否かの情報が得られないこともあります。

② 相続税法49条に基づく開示請求

　この場合、相続又は遺贈により財産を取得した人は、相続税の申告書の提出又は更正の請求に必要となるときに限り、他の相続人等が相続開始前3年以内に取得した財産に係る贈与税の申告書について、開示の請求をすることができます。

　開示の請求は、「相続税法第49条第1項の規定に基づく開示請求書」を使用して相続の開始の日の属する年の3月16日以後に行います。

　なお、税務署長は、贈与税の申告内容の開示の請求があった場合には、請求後2か月以内に開示をしなければならないことになっています（相法49②）。

③ 開示の請求をすることができる者

　開示の請求をすることができる者は、相続もしくは遺贈又は相続時精算課税の適用を受ける財産を被相続人からの贈与により取得した者をいいます（相基通49-1）。

相続税法第49条第1項の規定に基づく開示請求書

_____ 税務署長　　　　　　　　　　　　　　　　平成　　年　　月　　日

【代理人記入欄】		開示請求者	住所又は居所	〒　　　　　Tel（　　－　　－　　）
住　所			（所在地）	
			フ リ ガ ナ	
氏　名　　　　　　　㊞			氏名又は名称　　　　　　　　　　　　㊞	
			個 人 番 号	
連絡先			生 年 月 日	被相続人との続柄

　私は、相続税法第49条第1項の規定に基づき、下記1の開示対象者が平成15年1月1日以後に下記2の被相続人からの贈与により取得した財産で、当該相続の開始前3年以内に取得したもの又は同法第21条の9第3項の規定を受けたものに係る贈与税の課税価格の合計額について開示の請求をします。

1　開示対象者に関する事項

住所又は居所	
（所在地）	
過去の住所等	
フ リ ガ ナ	
氏 名 又 は 名 称 （ 旧 姓 ）	
生 年 月 日	
被相続人との続柄	

2　被相続人に関する事項

住所又は居所	
過去の住所等	
フ リ ガ ナ	
氏　　　名	
生 年 月 日	
相続開始年月日	平 成　　年　　月　　日

3　承継された者（相続時精算課税選択届出者）に関する事項

住所又は居所	
フ リ ガ ナ	
氏　　名	
生 年 月 日	
相続開始年月日	平 成　　年　　月　　日
精算課税適用者である旨の記載	上記の者は、相続時精算課税選択届出書を 　　　　　　　署へ提出しています。

4　開示の請求をする理由（該当する□に✓印を記入してください。）

相続税の　□　期限内申告　□　期限後申告　□　修正申告　□　更正の請求　に必要なため

5　遺産分割に関する事項（該当する□に✓印を記入してください。）

- □　相続財産の全部について分割済（遺産分割協議書又は遺言書の写しを添付してください。）
- □　相続財産の一部について分割済（遺産分割協議書又は遺言書の写しを添付してください。）
- □　相続財産の全部について未分割

6　添付した書類等（添付した書類又は該当項目の全ての□に✓印を記入してください。）

- □　遺産分割協議書の写し　　□　戸籍の謄（抄）本　　□　遺言書の写し　　□　住民票の写し
- □　その他（　　　　　　　　　　　　　　　　　　　　　　　　　　　　　　　　　）
- □　私は、相続時精算課税選択届出書を　　　　　　　　署へ提出しています。

7　開示書の受領方法（希望される□に✓印を記入してください。）

- □　直接受領（交付時に請求者又は代理人であることを確認するものが必要となります。）　□　送付受領（請求時に返信用切手、封筒及び住民票の写し等が必要となります。）

※　税務署整理欄（記入しないでください。）

番号確認	身元確認	確認書類		
	□　済	個人番号カード ／ 通知カード・運転免許証		確認者
	□　未済	その他（　　　　　）		
委 任 の 確 認	開示請求者への確認　（　　・　　・　　）			
	委任状の有無　□　有　　□　無（　　　　　）			

(資4－90－1－A4統一)　　（平28.6）

第3節　税額控除　33

書 き か た 等 （開 示 請 求 書）

1　「開示請求者」欄には、開示請求者の住所又は居所（所在地）、フリガナ・氏名（名称）、個人番号、生年月日及び被相続人との続柄（長男、長女等）を記入してください。

　　なお、相続税法第21条の17又は第21条の18の規定により相続時精算課税適用者から納税に係る権利又は義務を承継したことにより開示の請求を行った場合において、その承継する者が2名以上いるときは、本開示請求書を連名で提出しなければなりません。この場合は、開示請求者の代表者の方を本開示請求書の「開示請求者」欄に記入し、他の開示請求者の方は開示請求書付表（「相続税法第49条第1項の規定に基づく開示請求書付表」）の「【開示請求者】（開示請求者が2人以上の場合に記入してください。）」欄に記入してください（開示書は代表者に交付することになります。）。

2　「1 開示対象者に関する事項」欄には、贈与税の課税価格の開示を求める方（開示対象者）の住所又は居所（所在地）、過去の住所等、フリガナ・氏名又は名称（氏名については旧姓も記入してください。）、生年月日及び被相続人との続柄（長男、長女等）を記入してください。

　　なお、開示対象者が5名以上いる場合は、5人目以降を開示請求書付表の「1 開示対象者に関する事項（開示対象者が5人以上いる場合に記入してください。）」欄に記入してください。

　　(注)　「1 開示対象者に関する事項」欄には、相続又は遺贈（被相続人から取得した財産で相続税法第21条の9第3項の規定の適用を受けるものに係る贈与を含みます。）により財産を取得した全ての方を記入してください（開示請求者を除きます。）。

3　「2 被相続人に関する事項」欄には、被相続人の住所又は居所、過去の住所等、フリガナ・氏名、生年月日及び相続開始年月日（死亡年月日）を記入してください。

4　「3 承継された者(相続時精算課税選択届出者)に関する事項」欄には、相続税法第21条の17又は第21条の18の規定により納税に係る権利又は義務を承継された者の死亡時の住所又は居所、フリガナ・氏名、生年月日、相続開始年月日(死亡年月日)及び「精算課税適用者である旨の記載」欄に相続時精算課税選択届出書を提出した税務署名を記入してください。

5　「4 開示の請求をする理由」欄及び「5 遺産分割に関する事項」欄は、該当する□にレ印を記入してください。

6　「6 添付書類等」欄には、添付している書類の□にレ印を記入してください。

　　なお、添付書類は、開示請求者及び開示対象者が相続等により財産を取得したことを証する書類として、下記のものを提出してください。

　(1) 全部分割の場合：遺産分割協議書の写し

　(2) 遺言書がある場合：開示請求者及び開示対象者に関する遺言書の写し

　(3) 上記以外の場合：開示請求者及び開示対象者に係る戸籍の謄(抄)本

　　開示請求者が被相続人を特定贈与者とする相続時精算課税適用者である場合には、「私は、相続時精算課税選択届出書を＿＿＿署へ提出しています。」の前の□にレ印を記入するとともに相続時精算課税選択届出書を提出した税務署名を記入してください。

　　開示請求者が承継した者である場合には、承継した者全員の戸籍の謄(抄)本も提出してください。

7　「7 開示書の受領方法」欄には、希望される受領方法の□にレ印を記入してください。

　　なお、「直接受領」の場合は、受領時に開示請求者本人又は代理人本人であることを確認するもの（運転免許証など）が必要となります（代理人が「直接受領」をする場合は、開示請求者の委任状も必要となります。）。

　　「送付受領」の場合には、開示請求時に返信用切手、封筒及び住民票の写し等の住所を確認できるものを提出してください。

　　(注)　「送付受領」の場合の送付先は、開示請求者本人の住所となります。

8　この請求書の控えを保管する場合においては、その控えには個人番号を記載しない（複写により控えを保管する場合は、個人番号が複写されない措置を講ずる）など、個人番号の取扱いには十分ご注意ください。

（出典）国税庁ホームページ

④ 開示される内容

　贈与税の課税価格の合計額は、次に掲げる金額ごとに開示されます。

（1）　被相続人に係る相続の開始前3年以内にその被相続人から贈与により取得した財産の価額の合計額

（2）　被相続人から贈与により取得した財産で、相続時精算課税の適用を受けたものの合計額

（参考）過去に税務署に提出した申告書や届出書の調べ方

　このほか、以下のような、過去に税務署に提出した申告書や届出書を確認したい局面があります。

　・相次相続控除における一次相続の相続税申告書

　・土地の無償返還に関する届出書

　・借地権者の地位に変更がない旨の申出書

　このような場合は、（イ）申告書等の閲覧サービスを利用するか、又は、（ロ）個人情報開示請求により情報を入手します。

（イ）申告書等の閲覧サービス

　税務署に提出した申告書や届出書を確認する場合には、所轄の税務署において「申告書等の閲覧サービス」を利用することで確認することができます。

　これは相続人本人だけでなく、親族や税理士といった代理人が行うことができます。

　ただし、届出書のコピーは原則としてできません。

（ロ）個人情報開示請求

　コピーを入手したい場合は、別途「個人情報開示請求」を行います。行政文書の開示請求です。

　この場合は、コピーの写しの入手も可能となりますが、税理士は、請求手続の代理人となることはできません。

相続税法第49条第1項の規定に基づく請求に対する開示書

■■ ■■■■

住所又は居所
（所在地）　■■■■■■■■

氏名又は名称　　■■■■■　殿

■■資　第■■号

平成■■年■■月■■日

■■■■■税務署長

相続税法第49条第1項の規定に基づく請求に対する開示書

　平成■年■月■日に相続税法第49条第1項の規定に基づく請求があった贈与税の課税価格については、下記のとおり開示します。

　なお、この開示書は、平成■年■月■日現在の課税価格に基づいて作成しています。

記

1　開示対象者（開示対象者が7名以上の場合は開示書付表に記載しています。）

住　所　又　は　居　所　（　所　在　地　）	氏　名　又　は　名　称
■■■■■■■■■	■■■■■■
以下余白	以下余白

2　相続開始前3年以内の贈与（3に該当する贈与を除く）

贈 与 税 の 課 税 価 格 の 合 計 額	■■■■■■■■ 円

3　相続税法第21条の9第3項に該当する贈与（相続時精算課税適用分）

贈 与 税 の 課 税 価 格 の 合 計 額	‐ 円

実務上のポイント

生前贈与加算は、相続又は遺贈により財産を取得した者が対象です。

したがって、相続する財産がない相続人は、相続開始前3年以内に贈与があった場合でも加算はなく、相続税の申告は不要となります（ただし、贈与を受けた年分の贈与税の申告は必要となります）。

また、相続を放棄したとしても、生命保険金や死亡退職金などのみなし相続財産を受け取っている場合には遺贈により財産を取得した者となります。この場合には、相続開始前3年以内に被相続人から贈与された財産については、加算の対象となります。

演習問題 問5 ──────────────────── 生前贈与加算額の有無

次の設例に基づき、生前贈与加算の有無を判定してください。

被相続人甲の死亡により相続が発生しています。甲の親族であるA～Eは、いずれも昨年に被相続人より500万円の現金贈与を受けています。

A：法定相続人であり、今回の相続で不動産及び現預金を取得しています。

B：法定相続人ではありますが、今回の相続で取得する財産がありません。

C：法定相続人ではありますが、相続放棄を行っています。なお、甲の死亡にあたって受取人をCとする生命保険金が支払われています。

D：孫のため法定相続人ではありませんが、遺言書により不動産を取得しています。

E：孫のため法定相続人ではありませんが、被相続人の生前、教育資金の一括贈与の非課税の適用を受けていました。甲の相続開始日時点において、管理残高が300万円残っています。

第3節 税額控除　37

解答

　下表のAは、通常のパターンです。相続財産を取得した者に対する生前贈与加算が行われます。

　Bは、相続人ですが、相続した財産がありません。この場合は生前贈与加算は行いません。

　Cは、相続放棄をしていますが生命保険金を受け取っています。この場合は、生前贈与加算が行われます。

　Dは、相続人ではない孫ですが、遺贈により不動産を取得しています。この場合も生前贈与加算が行われます。

　Eは、被相続人の生前に教育資金の贈与を受けており、管理残額が残っているため、遺贈として相続税の申告が必要となりますが、教育資金贈与の管理残額を遺贈として相続税の申告を行う者に対する生前贈与加算は行いません。

氏　名	A	B	C	D	E
続　柄	子（相続人）	子（相続人）	子（放棄）	孫	孫
取得原因	相続	相続	遺贈	遺贈	遺贈
取得財産	不動産、現預金	なし	生命保険金	不動産	教育資金管理残額
生前贈与加算	あり	なし	あり	あり	なし

（参考）教育資金の一括贈与の非課税

　教育資金の一括贈与の非課税とは、平成25年4月1日から平成31年3月31日までの間に、30歳未満の個人が、教育資金に充てるため、その直系尊属から書面による贈与により取得し、その金銭を教育資金管理契約に基づき銀行等において預金もしくは貯金として預入した場合等に、1,500万円（学校等以外に支払う金銭については500万円）まで贈与税が非課税となる制度をいいます。

　ただし、受贈者が30歳に達するなど教育資金管理契約が終了したとき、管理残額がある場合には、その残額についてはその契約終了時に贈与があったものとして贈与税がかかります。

　なお、契約期間中に贈与者が死亡した場合、死亡日における管理残額を相続財産に含める必要はありません。

2 配偶者の税額の軽減

1 制度のしくみ

　配偶者は、相続した遺産額が、1億6,000万円又は配偶者の法定相続分相当額までは相続税はかかりません(相法19の2)。これを配偶者の税額軽減といいます。

2 配偶者の税額軽減額の計算方法

　配偶者の税額軽減額の算出方法を算式で示すと、次のとおりとなります(相基通19の2-7)。

（算式）

$$A \times \frac{C 又は D のいずれか少ない金額}{B}$$

A：相続又は遺贈により財産を取得したすべての者に係る相続税の総額

B：相続又は遺贈により財産を取得したすべての者に係る相続税の課税価格の合計額

C：配偶者の法定相続分に相当する金額

D：1億6,000万円

3 適用するための手続

　配偶者の税額軽減の適用を受けるためには、相続税の申告書に戸籍謄本と遺言書又は遺産分割協議書の写しなど、配偶者の取得した財産がわかる書類を提出する必要があります。

　配偶者の税額軽減は、配偶者が遺産分割などで実際に取得した財産を基に計算されることになっているため、相続税の申告期限までに分割が決まっている財産には配偶者の税額軽減が適用できますが、分割が決まっていない財産は税

額軽減の対象になりません（相法19の2②）。

　ただし、相続税の申告書又は更正の請求書に「申告期限後3年以内の分割見込書」を添付した上で、申告期限から3年以内に分割したときは、税額軽減の対象になります[4]。

　また、相続税の申告期限から3年を経過する日までに分割できないやむを得ない事情（例えば、遺産分割の訴訟、調停、審判がされていること）があり、「遺産が未分割であることについてやむを得ない事由がある旨の承認申請書」を提出して税務署長の承認を受けた場合においては、その事情がなくなった日の翌日から4か月以内に分割されたときも、税額軽減の対象になります。

（注）3年経っても未分割であることにやむを得ない事由がある場合

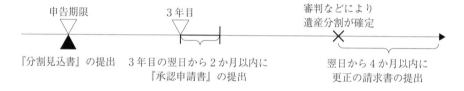

実務上のポイント

　遺産分割が10か月以内に決まらない場合は、申告期限までに「申告期限後3年以内の分割見込書」を提出する必要があります。

　3年経過してもなお決まらない場合は、その翌日から2か月以内に「遺産が未分割であることについてやむを得ない事由がある旨の承認申請書」を提出する必要があります。

　提出を失念すると、小規模宅地等の特例や配偶者の税額軽減が適用できなくなりますので留意が必要です。

4　相続税の申告後に遺産分割が確定した際、配偶者の税額軽減を受ける場合は、分割が成立した日の翌日から4か月以内に更正の請求をする必要があります。

4　更正又は決定処分には適用はない

　配偶者の税額軽減の規定は、相続税の申告書又は更正の請求書に同特例の適用を受ける旨及び金額の計算に関する明細の記載をし、かつ、財産の取得の状況を証する書類等を添付して申告書を提出した場合に限り、適用することとされています。

　したがって、税務署長から更正又は決定を行う場合には同規定の適用はされないことに注意が必要です。

5　内縁関係にある配偶者への適用の可否

　配偶者の税額軽減における「配偶者」は、婚姻の届出をした者に限られます。

　したがって、事実上婚姻関係と同様の事情にある者であっても婚姻の届出をしていないいわゆる内縁関係にある者は、配偶者には該当しないこととなります(相基通19の2-2)。

6　相続放棄した配偶者への適用の可否

　配偶者が相続を放棄した場合であっても、その配偶者が遺贈により取得した財産があるときは、配偶者の税額軽減を適用することができます(相基通19の2-3)。

7　配偶者に財産の隠ぺい・仮装があった場合

　配偶者が、財産を隠ぺい又は仮装していた場合には、その財産に相当する部分について税額軽減の適用を受けることはできません(相法19の2⑤)。

3　未成年者の税額控除

1　制度のしくみ

　相続人が未成年者のときは、相続税の額から一定の金額を差し引きます(相法19の3)。これを未成年者控除といいます。

第3節　税額控除　41

未成年者控除の額は、その未成年者が満20歳になるまでの年数1年につき10万円で計算した額です。

　20歳になるまでの年数の計算にあたり、1年未満の期間があるときは1年として計算します。

　例えば、未成年者の年齢が15歳9か月の場合は、9か月を切り捨て15歳で計算します（納税者有利）。この場合、20歳までの年数は5年になります。したがって、未成年者控除額は、10万円×5年で50万円となります。

　なお、未成年者控除額についてはこれまで下記の通り改正が行われています。

相続開始年分	1年当たりの控除額
昭和33年〜昭和47年	1万円
昭和48年〜昭和49年	2万円
昭和50年〜昭和62年	3万円
昭和63年〜平成26年	6万円
平成27年〜	10万円

2 生涯限度額

　控除できる未成年者控除額には限度があります。当該未成年者が今回の相続以前に未成年者控除を受けているときは、既に受けた控除額が今回の控除額に満たなかった場合におけるその満たなかった部分の金額の範囲内に限られます（相法19の3③）。

　相続税法の改正により1年当たりの控除額が異なる場合には、前の相続による控除不足額は、現行法の規定によって計算し直すこととされています（相基通19の3-5）。

3 未成年者控除が受けられる者

　未成年者控除が受けられるのは、次の①〜③のすべてに当てはまる者です。

①　相続や遺贈で財産を取得したときに日本国内に住所がある者、又は、日本国内に住所がない場合でも次のいずれかに当てはまる者

42　第1章　相続税の計算

イ　日本国籍を有している者で、その者又は被相続人が相続開始前5年
　　　　以内に日本国内に住所を有していたことがある。
　　ロ　日本国籍を有していない者で、相続や遺贈で財産を取得したとき、
　　　　被相続人が日本国内に住所を有している。
②　相続や遺贈で財産を取得したときに20歳未満である者
③　相続や遺贈で財産を取得した法定相続人（相続の放棄があった場合には、そ
　の放棄がなかったものとした場合における相続人）

4　控除しきれない場合の取扱い

　未成年者控除額が、その未成年者本人の相続税額より大きいため控除額の
全額が引き切れないことがあります。

　この場合は、その引き切れない部分の金額をその未成年者の扶養義務者の
相続税額から差し引くことができます（相法19の3②）。

　ここでいう「扶養義務者」とは、配偶者及び民法877条《扶養義務者》に規定
する親族をいい（相法1の2一）、次の①〜③に掲げる者をいいます（相基通1の2-1）。

①　配偶者、民法877条の規定による直系血族及び兄弟姉妹
②　家庭裁判所の審判を受けて扶養義務者となった三親等内の親族
③　上記①及び②に該当する者のほか、家庭裁判所の審判を受けてはいな
　いが、その未成年者と生計を一にしている三親等内の親族

演習問題 問6 ────────────────────────── 未成年者控除額

下記の設例に基づく未成年者控除額を算出してください。

被相続人甲は平成25年8月1日に死亡し、続けて乙が平成29年10月6日に死亡しました。

<一次相続>

甲の相続財産である現預金110,000千円を法定相続分ずつ取得します。

<二次相続>

乙の相続財産である現預金60,000千円をAとBで2分の1ずつ取得します。

解答

<一次相続>

　各人の相続税額は以下の通りとなります。

項　目	金　額	配偶者乙	長男A	二男B
取得財産	110,000千円	55,000千円	27,500千円	27,500千円
基礎控除	80,000千円	-	-	-
相続税の総額	3,250千円	-	-	-
あん分割合	1.00	0.50	0.25	0.25
算出税額	3,250千円	1,625千円	812.5千円	812.5千円
配偶者の税額軽減	△1,625千円	△1,625千円		
未成年者控除額	△1,380千円	-	△600千円	△780千円
差引税額	245千円	0円	212.5千円	32.5千円

（注）平成27年相続税改正前の税率等を適用し計算している。

（1）Aの未成年者控除

　平成25年当時の未成年者控除額は1年当たり60,000円でした。

　60,000円×（20歳−10歳）＝600,000円

　Aの算出税額は812.5千円であるため，控除しきれなかった分は0円となります。

（2）Bの未成年者控除

　平成25年当時の未成年者控除額は1年当たり60,000円でした。

　60,000円×（20歳−7歳）＝780,000円

　Bの算出税額は812.5千円であるため、控除しきれなかった分は0円となります。

＜二次相続＞

A及びBの相続税額は以下の通りとなります。

項 目	金 額	長男A	二男B
取得財産	60,000千円	30,000千円	30,000千円
基礎控除	42,000千円	—	—
相続税の総額	1,800千円	—	—
あん分割合	1.00	0.50	0.50
算出税額	1,800千円	900千円	900千円
未成年者控除額	△920千円	△400千円	△520千円
差引税額	880円	500千円	380千円

（1）Aの未成年者控除

① 一次相続の再計算

平成27年に1年当たりの控除額が6万円から10万円に改正されています。

100,000円×（20歳−10歳）＝1,000,000円

Aの未成年者控除は600千円であったため、控除しきれなかった400千円を次回の相続税申告に繰り越すこととなります。

② 二次相続の計算

100,000円×（20歳−14歳）＝600,000円＞400,000円　∴400,000円

（2）Bの未成年者控除

① 一次相続の再計算

100,000円×（20歳−7歳）＝1,300,000円

Bの未成年者控除は780千円であったため、控除しきれなかった520千円を次回の相続税申告に繰り越すこととなります。

② 二次相続の計算

100,000円×（20歳−11歳）＝900,000円＞520,000円　∴520,000円

実務上のポイント

　未成年者控除は、未成年者が「相続又は遺贈により財産を取得した者」であることが要件の1つとなっていることから、未成年者が相続又は遺贈により財産を全く取得していない場合には、扶養義務者の相続税額からも未成年者控除額を控除することはできないため注意が必要です。

4　障害者の税額控除

1　制度のしくみ

　相続人が85歳未満の障害者のときは、相続税の額から一定の金額を差し引くことができます（相法19の4）。これを障害者控除といいます。

　障害者控除の額は、その障害者が満85歳になるまで、一般障害者の場合は1年につき10万円、特別障害者の場合は1年につき20万円で計算した金額となります。

　85歳までの年数の計算にあたり、1年未満の期間があるときは1年として計算します（納税者有利）。

　なお、その障害者が以前の相続においても障害者控除を受けているときは、控除額が制限されます。

　なお、障害者控除額についてはこれまで下記の通り改正が行われています。

相続開始年分	1年当たりの控除額	
	一般障害者	特別障害者
昭和33年〜昭和47年	1万円	3万円
昭和48年〜昭和49年	2万円	4万円
昭和50年〜昭和62年	3万円	6万円
昭和63年〜平成26年	6万円	12万円
平成27年〜	10万円	20万円

第3節　税額控除　47

相続税法の改正により1年当たりの控除額が異なる場合には、未成年者控除同様、前の相続による控除不足額は、現行法の規定によって計算し直すこととされています(42頁参照)。

2 障害者控除が受けられる者

障害者控除が受けられるのは次の①〜③のすべてに当てはまる者です。

①　相続や遺贈で財産を取得した時に日本国内に住所がある者

②　相続や遺贈で財産を取得した時に障害者である者

③　相続や遺贈で財産を取得した法定相続人(相続の放棄があった場合には、その放棄がなかったものとした場合における相続人)

3 一般障害者の範囲

「一般障害者」とは、次に掲げる者をいいます(相基通19の4-1)。

①　児童相談所、知的障害者更生相談所、精神保健福祉センターもしくは精神保健指定医の判定により知的障害者とされた者のうち重度の知的障害者とされた者以外の者

②　精神保健及び精神障害者福祉に関する法律の規定により交付を受けた精神障害者保健福祉手帳に障害等級が2級又は3級である者として記載されている者

③　身体障害者福祉法の規定により交付を受けた身体障害者手帳に身体上の障害の程度が3級から6級までである者として記載されている者

④　①、②又は③に掲げる者のほか、戦傷病者特別援護法の規定により交付を受けた戦傷病者手帳に記載されている精神上又は身体上の障害の程度が次に掲げるものに該当する者

　イ　恩給法別表第一号表の二の第四項症から第六項症までの障害があるもの

　ロ　恩給法別表第一号表の三に定める障害があるもの

　ハ　傷病について厚生労働大臣が療養の必要があると認定したもの

48　第1章　相続税の計算

ニ　旧恩給法施行令第31条第1項に定める程度の障害があるもの

⑤　常に就床を要し、複雑な介護を要する者のうち、精神又は身体の障害の程度が①又は③に掲げる者に準ずるものとして市町村長又は特別区の区長の認定を受けている者

⑥　精神又は身体に障害のある年齢65歳以上の者で、精神又は身体の障害の程度が①又は③に掲げる者に準ずるものとして市町村長等の認定を受けている者

4　特別障害者の範囲

「特別障害者」とは、次に掲げる者をいいます（相基通19の4-2）。

①　精神上の障害により事理を弁識する能力を欠く常況にある者又は児童相談所、知的障害者更生相談所、精神保健福祉センターもしくは精神保健指定医の判定により重度の知的障害者とされた者

②　精神障害者保健福祉手帳に障害等級が1級である者として記載されている者

③　身体障害者手帳に身体上の障害の程度が1級又は2級である者として記載されている者

④　①、②又は③に掲げる者のほか、戦傷病者手帳に精神上又は身体上の障害の程度が恩給法別表第一号表の二の特別項症から第三項症までである者として記載されている者

⑤　③及び④に掲げる者のほか、原子爆弾被爆者に対する援護に関する法律の規定による厚生労働大臣の認定を受けている者

⑥　常に就床を要し、複雑な介護を要する者のうち、精神又は身体の障害の程度が①又は③に掲げる者に準ずるものとして市町村長等の認定を受けている者

⑦　精神又は身体に障害のある年齢65歳以上の者で、精神又は身体の障害の程度が①又は③に掲げる者に準ずるものとして市町村長等の認定を受けている者

第3節　税額控除　49

> **実務上のポイント**
>
> 　実務上多いのは、障害者手帳の交付を受けている者です。1級又は2級は特別障害者、3級から6級は一般障害者となります。

5 障害者として取り扱うことができる者

　相続開始の時において、精神障害者保健福祉手帳の交付を受けていない者、身体障害者手帳の交付を受けていない者又は戦傷病者手帳の交付を受けていない者であっても、次に掲げる要件のいずれにも該当する者は、一般障害者又は特別障害者に該当するものとして取り扱うことができます（相基通19の4-3）。

　イ　当該相続に係る申告書を提出する時において、これらの手帳の交付を受けていること又はこれらの手帳の交付を申請中であること。

　ロ　医師の診断書により、相続開始の時の現況において、明らかにこれらの手帳に記載される程度の障害があると認められる者であること。

6 控除しきれない場合の取扱い

　障害者控除額が、その障害者本人の相続税額より大きいため控除額の全額が引き切れないことがあります。

　この場合は、その引き切れない部分の金額をその障害者の扶養義務者の相続税額から差し引くことができます[5]。

5　障害者控除については、未成年者控除のような扶養義務者に関する定めがないため、障害者につき算出した相続税額がない場合において、未成年者控除と同様に扱うこととしてよいか疑問が生じます。

　この点、障害者控除の規定（相法19の4③）において、未成年者控除の規定（相法19の3②）を準用するとされていることから、障害者控除においても、未成年者控除と別異に解する理由はなく、障害者につき算出した相続税額がない場合であっても、扶養義務者の相続税額から控除することができるものとされています（東京国税局資産課税課資産評価官「資産税審理研修資料」（平成27年7月）。

なお、障害者控除を受けることができる扶養義務者が2人以上ある場合、それぞれの扶養義務者が控除を受けることができる金額は、次の①又は②の金額とされています[6]。

①　扶養義務者の全員が、協議によってその全員が控除を受けることができる金額の全額を各人ごとに配分して、それそれの控除を受ける金額を定めてその控除を受ける金額を相続税の申告書に記載した場合には、その申告書に記載した金額

②　①以外の場合には、扶養義務者の全員が控除を受けることができる金額の総額を、その扶養義務者の算出相続税額(贈与税額控除、配偶者の税額軽減又は未成年者控除がある場合は、その控除後の税額)の比によってあん分して計算した金額

7 控除後に税額がゼロとなる場合は申告義務はない

　相続税の申告書を提出しなければならない者は、被相続人から相続又は遺贈により財産を取得した者等で、相続税の課税価格の合計額が基礎控除額を超える場合において、その者に係る相続税の課税価格に係る障害者控除等の適用後に相続税額がある者とされています(相法27)。

　障害者控除は申告要件ではないことから、障害者控除を適用して納付すべき税額がゼロとなった場合は申告義務はないこととなります[7]。

6　東京国税局資産課税課資産評価官「資産税審理研修資料」(平成27年7月) 参照。

7　大阪国税局資産課税課「資産課税関係　誤りやすい事例 (相続関係平成27年分)」参照。

演習問題　問7　　　　　　　　　　　　　　　　　　　　　　　障害者控除額

下記の設例に基づく障害者控除額を算出してください。

被相続人は平成29年8月1日に死亡しました。相続財産は、上場株式60,000千円（Aが相続）、現預金20,000千円（Bが相続）です。

解答

（1）Aの障害者控除

200,000円×（85歳－65歳）＝4,000千円

Aの算出税額は3,525千円であるため、控除しきれなかった475千円を次回の相続税申告に繰り越します。

（2）Bの障害者控除

100,000円×（85歳－60歳）＝2,500千円

Bの算出税額は1,175千円であるため、控除しきれなかった1,325千円を次回の相続税申告に繰り越します。

項　目	金　額	長男A	二男B
取得財産	80,000千円	60,000千円	20,000千円
基礎控除	42,000千円	―	―
相続税の総額	4,700千円	―	―
あん分割合	1.00	0.75	0.25
算出税額	4,700千円	3,525千円	1,175千円
障害者控除額	△4,700千円	△3,525千円	△1,175千円
差引税額	0円	0円	0円

5　相次相続控除

1　制度のしくみ

　今回の被相続人が、相続開始前10年以内に相続、遺贈や相続時精算課税に係る贈与によって財産を取得して相続税が課されていた場合、その被相続人の相続税額から、一定の金額を控除します（相法20）。これを相次相続控除といいます。

　相次相続控除は、前回の相続において課税された相続税額のうち、1年につき10％の割合で逓減した後の金額を、今回の相続に係る相続税額から控除します。

○　**相次相続控除とは**（相次相続控除のイメージ図、例示）

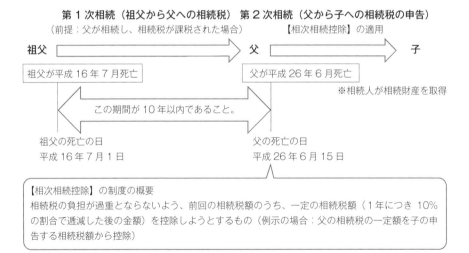

（出典）国税庁ホームページ

　相次相続控除は、被相続人が相続税を納税していることが前提となります。
　相続人が数次相続による相続税を納税していても控除はありません。

2 相次相続控除額の計算

相次相続控除の算式は以下の通りです。

（算式）

$A \times C ／（B－A）$［求めた割合が100／100を超えるときは、100／100とする］$\times D ／ C \times（10－E）／10=$ 各相続人の相次相続控除額

A：今回の被相続人が前の相続の際に課せられた相続税額
　この相続税額は、相続時精算課税分の贈与税額控除後の金額をいい、その被相続人が納税猶予の適用を受けていた場合の免除された相続税額並びに延滞税、利子税及び加算税の額は含まれません。
B：被相続人が前の相続の時に取得した純資産価額（取得財産の価額＋相続時精算課税適用財産の価額－債務及び葬式費用の金額）
C：今回の相続、遺贈や相続時精算課税に係る贈与によって財産を取得したすべての人の純資産価額の合計額
D：今回のその相続人の純資産価額
E：前の相続から今回の相続までの期間
　1年未満の期間は切り捨てます。

---

3 相次相続控除が受けられる者

相次相続控除が受けられるのは次の①～③のすべてに当てはまる者です。

① 被相続人の相続人であること。

② その相続の開始前10年以内に開始した相続により、被相続人が財産を取得していること。

③ その相続の開始前10年以内に開始した相続により、取得した財産について、被相続人に対し相続税が課税されたこと。

ここでは、被相続人が「相続により」財産を取得したことが要件とされています。
例えば、被相続人Aが5年前に義父Bから遺贈を受けたことにより相続税を納

54　第1章　相続税の計算

付していたとします(ここでは、AはBの相続人とはなりません)。

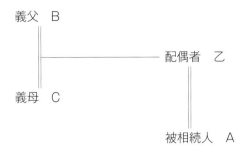

この場合、AがBの相続により取得した財産は、「相続」に該当しません。

したがって、Aの相続に係る相続税の計算上、相次相続控除を適用することはできません[8]。

実務上のポイント

相次相続控除の適用対象者は、相続人に限定されています。相続の放棄をした者及び相続権を失った者がたとえ遺贈により財産を取得しても、この制度は適用されないため留意が必要です。

---

[8] 大阪国税局「資産税関係 質疑応答事例集」(平成23年) 参照。

演習問題 問8 — 相次相続控除額

被相続人は、平成28年5月11日に死亡しました。

被相続人は、父の相続（平成19年3月10日相続開始）の際に相続税を425万円納付しています。

以下の設例に基づく、今回の相次相続控除額を求めてください。

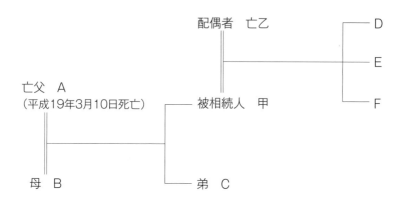

解答

＜被相続人の相続財産＞

項目		金額	D	E	F
純資産価額	①	495,602,246	253,286,750	129,636,813	112,678,683
基礎控除	②	48,000,000			
相続税の総額	③	128,040,000			
あん分割合	④	1.00	0.5110694108	0.2615738499	0.2273567393
算出税額	⑤	128,039,998	65,437,327	33,491,915	29,110,756
相次相続控除額	⑥	△424,999	△217,204	△111,169	△96,626
差引税額（百円未満切捨て）	⑦	127,614,900	65,220,100	33,380,700	29,014,100

＜相次相続控除額の計算＞

A × C ／（B−A）［求めた割合が100／100を超えるときは、100／100とする］

× D ／ C ×（10−E）／ 10=各相続人の相次相続控除額

A：今回の被相続人が前の相続の際に課せられた相続税額　　4,250,000円

B：被相続人が前の相続の時に取得した純資産価額　　19,411,546円

C：今回の各相続人の純資産価額の合計額　　495,602,246円

D：今回のその相続人の純資産価額　　　　　　　　　上記①参照

E：前の相続から今回の相続までの期間　　　　　　　　　　9年

（1）D の相次相続控除額の計算

① 4,250,000円 ×｛495,602,246円／（19,411,546円−4,250,000円）｝

× 1年／10年 ＝ 425,000円

(注)｛ ｝内の割合が1を超える場合は1とします。

② あん分割合0.5110694108

③ ① × ② ＝ 217,204円

（2）E の相続控除額の計算

① （1）と同じ

② あん分割合0.2615738499

③ ① × ② ＝ 111,169円

（3）F の相次相続控除額の計算

① （1）と同じ

② あん分割合0.2273567393

③ ① × ② ＝ 96,626円

第3節　税額控除　57

6 外国税額控除

1 制度のしくみ

　相続又は遺贈により外国にある財産を取得した場合において、その財産に対して外国の法令により日本の相続税に相当する税が課せられたときには、その課せられた相続税に相当する金額は、その者の算出税額から控除します（相法20の2）。これを外国税額控除といいます。

　ただし、その控除すべき金額が、その者についてこれらの規定により算出した金額に当該財産の価額が当該相続又は遺贈により取得した財産の価額のうち課税価格計算の基礎に算入された部分のうちに占める割合を乗じて算出した金額を超える場合においては、その超える部分の金額については、控除をしません。

2 外国税額控除の計算

　外国税額控除を算式で示すと、次のとおりとなります。

（算式）

$$
\text{贈与税額控除から相次相続控除までの諸控除を控除した後のわが国の相続税額} \times \frac{\text{相続又は遺贈により取得した国外にある財産の価額}}{\text{相続又は遺贈により取得した財産の価額のうち課税価格の計算の基礎に算入される部分の金額}}
$$

3 制度の趣旨

　相続人が、相続又は遺贈により国外財産を取得した場合、国外財産についてその国の法令により外国相続税が課税されたときには、日本とその所在地国の両国において二重に相続税が課税されることとなります。

　そのため、税額控除規定は、その所在地国の法令により課税された外国相続税の額を、当日本の相続税額から控除することにより、国際間の二重課税の調

58　第1章　相続税の計算

整を図ることにあります（平成20年4月17日裁決〔裁事75巻566頁〕）。

4　控除税額の邦貨換算

　控除税額については、国外財産について課せられたその国の法令により課された相続税に相当する税額を、その「納付すべき日」における対顧客直物電信売相場（TTS）により邦貨に換算した金額によるものとします（相基通20の2-1）。

　ただし、送金が著しく遅延して行われる場合を除き、国内から「送金する日」の対顧客直物電信売相場（TTS）によることができます。

5　国外財産の評価

この国外財産の評価については、次により評価を行います（財評通5-2）。

①　国外にある財産についても、財産評価基本通達に定める評価方法により評価する。

②　財産評価基本通達の定めによって評価することができない財産については、財産評価基本通達に定める評価方法に準じて、又は売買実例価額、精通者意見価格等を参酌して評価する。

なお、この財産評価基本通達の定めによって評価することができない財産については、課税上弊害がない限り、その財産の取得価額を基にその財産が所在する地域もしくは国におけるその財産と同一種類の財産の一般的な価格動向に基づき時点修正して求めた価額又は課税時期後にその財産を譲渡した場合における譲渡価額を基に課税時期現在の価額として算出した価額により評価することができるものとされています（財評通5-2注書）。

6　「当該財産の価額」の意義

　ここに規定する「当該財産の価額」とは、相続又は遺贈により取得した法施行地外にある財産の価額の合計額から当該財産に係る債務の金額を控除した額をいいます。

　したがって、上記算式の「課税価格計算の基礎に算入された部分」とは債務

控除をした後の金額をいいます(相基通20の2-2)。

また、「当該相続又は遺贈により取得した財産の価額」には、被相続人を特定贈与者とする相続時精算課税の適用を受ける財産の価額を含むものとして取り扱われます(旧相基通20の2-3)。

7 税額控除等の順序

生前贈与加算の贈与税額控除(相法19)から外国税額控除(相法20の2)までの規定による相続税の税額控除等の順序は、次によります(相基通20の2-4)。

①から⑥までの控除においては、先順位の控除をして、相続税額が零となる場合又は当該控除の金額が控除しきれない場合は、後順位の控除をすることなく、その者の納付すべき相続税額はないものとなります。

実務上のポイント

　配偶者が障害者のケースがあります。この場合、配偶者に対する相続税額の軽減を適用することにより同人の相続税額が零となるとき、配偶者の障害者控除を扶養義務者から控除することはできません（50頁参照）。

第2章

相続財産の
範囲と評価

相続財産の範囲

第1節

1 相続税がかかる財産

1 本来の相続財産

相続税は、被相続人の財産を相続や遺贈によって取得した場合に、その取得した財産に対してかかります。

この場合の財産とは、現金、預貯金、有価証券、宝石、土地、家屋などのほか、貸付金、特許権、著作権など金銭に見積もることができる経済的価値のあるすべてのものをいいます。

2 みなし相続財産

法律的には被相続人から相続又は遺贈により取得したものではありませんが、実質的には相続又は遺贈により取得した財産と同様の経済的効果を持つものがあります。相続税法では、課税の公平を図る観点から、このような財産を「みなし相続財産」として相続税の課税対象としています。

具体的には以下のような財産が該当します。

① 生命保険金等（相法3①一）

② 退職手当金等（相法3①二）

③ 生命保険契約に関する権利（相法3①三）

④ 定期金に関する権利（相法3①四）

⑤ 保証期間付定期金に関する権利（相法3①五）

⑥ 契約に基づかない定期金に関する権利（相法3①六）

第1節　相続財産の範囲　65

3 非課税財産

　一方、相続税法では、相続又は遺贈により取得した財産であっても、公益性や社会政策見地、国民感情の面から、課税対象から除いているものがあります。これを非課税財産といいます（相法12）。

　相続税がかからない財産のうち主なものは次の通りです。

　①　墓所、霊びょう及び祭具並びにこれらに準ずるもの（相法12①二）

　　　（ただし、投資対象や商品として所有しているものは相続税がかかります）

　②　一定の公益事業を行う者が取得した公益事業用財産（相法12①三）

　③　条例による心身障害者共済制度に基づく給付金の受給権（相法12①四）

4 税法における財産と民法における財産

　相続税においては、適正な相続税申告の実現という視点で相続財産の範囲を確定して評価します。一方、民法においては、公平な相続財産の分割という視点で相続財産の範囲を確定して評価します。

　そこで、税法上の財産と遺産分割の対象となる財産は必ずしも一致せず、相続財産ではあっても性質上遺産分割の対象とならないものがありますし（可分債権、金銭債務）、相続財産ではなくても当事者の合意により遺産分割の対象とされることもあります（代償財産、遺産から生じた果実及び収益、祭祀財産、遺骨、葬式費用、遺産管理費用）。

　代表的な例が生命保険金です。生命保険金は、原則として、遺産分割の対象とならず、遺留分の算定根拠にも入りませんが、税務上は相続財産に計上されます。

　また税務上特異なものが名義財産です（第5章参照）。親族名義であっても実質的に被相続人に帰属する財産は相続財産に計上されますが、法務においては特別受益[9]として扱われることが一般的です。

9　特別受益とは、共同相続人の中に、被相続人から遺贈を受けたり、生前に生計の資本として贈与を受けたりした者がいた場合に、特別な受益を相続分の前渡しとみて、計算上贈与を相続財産に持戻して相続分を算定し、共同相続人間の公平を図る制度をいいます（民903）。

とくに、生前贈与については税務と法務とで違いが生じるので注意が必要です。

相続税においては、相続又は遺贈により財産を取得した者に対する死亡前3年以内の贈与財産や相続時精算課税における贈与財産が、相続財産の対象となりますが、法務においては、被相続人が贈与した財産のうち一定の要件を満たすものは、期間の制限なく特別受益とされることがあります。

民法と税法で相違する主な財産

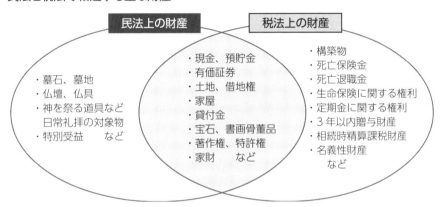

建物附属設備や固定資産税評価額が付されていない家屋、構築物は、遺産分割の局面においては、独立した財産と考えるのではなく、土地や家屋の価額に含めて考えるのが一般的です。

実務上のポイント

　税法における財産と民法における財産のズレを認識した上で、相続人に対して適切な助言をすることが求められます。

　例えば、法務面において成立している遺産分割協議書や遺言書があっても、税務上の財産を網羅していなければ、当該財産についての遺産分割協議を別途必要とします。

　一方、税務上の評価を前提として遺産分割を行った結果、民法上不公平が生じるケースもあります。

2 申告書への記載要領

　取得した財産の種類、細目、利用区分、銘柄等は申告書第11表に記載がなされます。

　その記載要領は以下の通りとなります。

申告書第11表の取得した財産の種類、細目、利用区分、銘柄等の記載要領

種　　類	細　　　　目		利　用　区　分　・　銘　柄　等
土　　地 （土地の上に存する権利を含みます。）	田		自用地、貸付地、賃借権（耕作権）、永小作権の別
	畑		
	宅　　　　　　地		自用地（事業用、居住用、その他）、貸宅地、貸家建付地、借地権（事業用、居住用、その他）などの別
	山　　　　　　林		普通山林、保安林の別（これらの山林の地上権又は賃借権であるときは、その旨）
	そ　の　他　の　土　地		原野、牧場、池沼、鉱泉地、雑種地の別（これらの土地の地上権、賃借権、温泉権又は引湯権であるときは、その旨）
家　　屋	家屋（構造・用途）、 構　　築　　物		家屋については自用家屋、貸家の別、構築物については駐車場、養魚池、広告塔などの別
事業（農業）用財産	機　械　、　器　具　、　農　機　具　、その他の減価償却資産		機械、器具、農機具、自動車、船舶などについてはその名称と年式、牛馬等についてはその用途と年齢、果樹についてはその樹種と樹齢、営業権についてはその事業の種目と商号など
	商　品　、　製　品　、　半　製　品　、原　材　料　、　農　産　物　等		商品、製品、半製品、原材料、農産物等の別に、その合計額を「価額」欄に記入し、それらの明細は、適宜の用紙に記載して添付してください。
	売　　　　掛　　　　金		
	そ　の　他　の　財　産		電話加入権、受取手形、その他の財産の名称。なお、電話加入権については、その加入局と電話番号
有　価　証　券	特定同族会社の株式、出資	配当還元方式によったもの	その　銘　柄 ※「特定同族会社」については、下の（注）を参照してください。
		その他の方式によったもの	
	上　記　以　外　の　株　式　、　出　資		
	公　　債　　、　　社　　債		
	証　券　投　資　信　託　、貸　付　信　託　の　受　益　証　券		
現　　金　、　預　貯　金　等			現金、普通預金、当座預金、定期預金、通常貯金、定額貯金、定期積金、金銭信託などの別
家　　庭　　用　　財　　産			その名称と銘柄
その他の財産（利　　益）	生　命　保　険　金　等		
	退　職　手　当　金　等		
	立　　　　　　木		その樹種と樹齢（保安林であるときは、その旨）
	そ　　　の　　　他		1　事業に関係のない自動車、特許権、著作権、電話加入権、貸付金、未収配当金、未収家賃、書画・骨とうなどの別 2　自動車についてはその名称と年式、電話加入権についてはその加入局と電話番号、書画・骨とうなどについてはその名称と作者名など 3　相続や遺贈によって取得したものとみなされる財産（生命保険金等及び退職手当金等を除きます。）については、その財産（利益）の内容

（注）　**特定同族会社**とは、相続や遺贈によって財産を取得した人及びその親族その他の特別関係者（相続税法施行令第31条第1項に掲げる者をいいます。）の有する株式の数又は出資の金額が、その会社の発行済株式の総数又は出資の総額の50％超を占めている非上場会社をいいます。

（出典）国税庁ホームページ

第2節 財産の評価

1 相続財産は時価評価が前提

相続税の課税価格を算定する場合、相続、遺贈又は贈与によって取得した財産の価額は、その財産の「取得の時」における「時価」であるとされています（相法22）。

1 「取得の時」とは

相続税法に定める時価は、「取得の時」におけるものと定められています。

ここでいう「取得の時」とは、相続、遺贈又は贈与により財産を取得した時点をいい、具体的には被相続人や遺贈者の死亡の日又は贈与の日をいいます。

したがって、評価時点後に相続財産を実際に売却する際の価格の動向は影響されないものと解され（東京地裁平成9年5月29日判決〔税資223・918〕）、相続による財産の取得後に何らかの理由によってその価値が下落した場合（例えば、上場株式の時価が翌日に急落した場合）にも、課税価格に算入されるべき価額は、相続時における時価であると解されています（東京地裁平成9年1月23日判決〔税資222・94〕、福島地裁平成10年9月28日判決〔税資238・269〕）。

2 「時価」とは何か

次に、時価とは何かという点ですが、ここでいう「時価」とは、「不特定多数の当事者間の自由な取引において通常成立すると認められる取引の価額」すなわち「客観的な交換価値」を意味すると解されています（東京地裁平成4年3月11日判決〔税資188・639〕、東京地裁平成9年1月23日判決〔税資222・94〕など）。

70　第2章　相続財産の範囲と評価

「不特定多数の当事者間」であることから主観的な要素は排除され、「自由な取引が行われる場合に通常成立すると認められる価額」であることから、買い進み、売り急ぎがなかったものとした場合における価額とされています[10]。

2 財産評価の具体的手法

1 税務通達の趣旨

さて、相続税法では、「時価」と定められているものの、実際に売買が行われていない財産の客観的交換価値を算定するのは困難といえます。

そこで、財産評価基本通達において、「時価とは、課税時期において、それぞれの財産の現況に応じ、不特定多数の当事者間で自由な取引が行われる場合に通常成立すると認められる価額をいい、その価額は、この通達の定めによって評価した価額による」（財評通1（2））と定められています。

つまり「時価」の具体的な評価方法として、土地であれば路線価方式や倍率方式、取引相場のない株式であれば純資産価額方式や類似業種比準方式といった、国税庁が公開した財産評価基準によるということです。

このように評価基準制度がとられている理由は、

① 財産の客観的な交換価値を的確に把握することは必ずしも容易なことではないため、納税者の利便性を考慮したこと

② 個別的な評価は、その評価方式や基礎資料の選択の仕方等により評価額に格差が生じること

③ 課税庁の事務負担が重くなり、課税事務の迅速な処理が困難となるおそれがあること

などから、あらかじめ定められた評価方式により画一的に評価する方が、納税者間の公平、納税者の便宜、徴税費用の節減という見地からみて、合理的で

---

10 谷口裕之『財産評価基本通達逐条解説（平成25年版）』大蔵財務協会〔2013年〕6頁

第2節 財産の評価 71

あるとされています（平成10年6月23日裁決〔裁事55・479〕、東京地裁平成11年8月10日判決〔税資244・291〕など）。

2 税務通達には必ず従わなければならないか

なお、国税庁の評価基準は、あくまでも内部通達（上級行政庁の下級行政庁に対する命令）ですから、必ずしも納税者を拘束するものではありません。

財産評価基本通達・総則6項において「通達の定めによって評価することが著しく不適当と認められる財産の価額は、国税庁長官の指示を受けて評価する」と定められているところでもあります。

相続税法における「時価」は、客観的な交換価値を意味していますから、通達による評価額が「時価」の範囲内であれば適法ですが、これが他の証拠によって「時価」を超えていると判断された場合には、課税処分は違法となるとされています（名古屋地裁平成16年8月30日判決〔LEX/DB・28092607〕）。

第3節 土地の評価

1 土地の評価方法

　土地は、原則として宅地、田、畑、山林、雑種地などの地目ごとに評価します。

　土地の評価方法には、路線価方式と倍率方式の2つの方法があります。

1 路線価地域の土地

　評価対象地が、路線価の付されている地域(主に市街地)にある場合は「路線価方式」により評価を行います。

　路線価とは、道路につけられた1㎡当たりの価額のことをいいます。

　土地の価額は、この路線価に地積を掛けて計算します。

　ただし、この路線価は、整形で標準的な土地の価額を前提としていますので、評価する土地の形状に応じて、奥行価格補正や不整形地補正、がけ地補正、セットバック・都市計画道路予定地の評価減といった各種補正を行って評価額を算出します。

　この路線価や調整率表は国税庁のホームページ(www.nta.go.jp)で確認することができます。

第3節　土地の評価　73

路線価方式の計算例

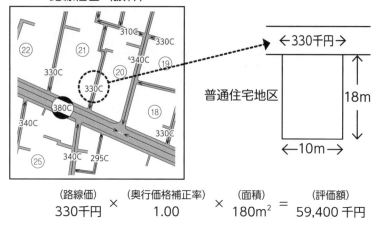

2 倍率地域の土地

評価対象地が、路線価の付されていない地域(倍率地域。主に市街地以外の地域)にある場合は「倍率方式」により評価を行います。

倍率地域では、土地の固定資産税評価額に評価倍率を掛けて計算します。

評価倍率は地域によって異なり、国税庁のホームページ(www.nta.go.jp)で確認することができます。宅地については多くが1.1倍又は1.2倍となっています。

倍率方式の計算例

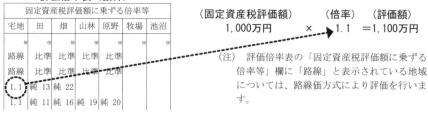

実務上のポイント

宅地の評価倍率の多くが1.1倍になる理由は、固定資産税評価額は公示価格水準の7割、相続税評価額は公示価格水準の8割（8/7 ≒ 1.1）で評定されているためといわれています。

2 他人名義の土地

他人名義により不動産、株式等の取得があった場合には、その行為は原則として取得時に贈与として取り扱われます[11]。

例えば、昭和30年にAが資金を出して不動産を取得した際に、登記上の名義をB名義とした場合は、その時にAからBに贈与したものとみなされます。

しかし、不動産登記は第三者に公示するための制度で、その登記事項は第三者に対する対抗要件としての効力を持つにすぎず、その不動産の登記名義人が真実の所有者を表しているものとは限りません。

したがって、その不動産の真実の所有者がAであることが明らかであれば、Aの所有財産となります。

ただし、真実の所有者がAであるかどうかは、いかなる事情があって自己資金で取得した財産を他人名義にしたのか、Aと登記名義人との関係、土地の状況などによって判断することとなり、立証は困難といえます。

仮に、最近になって真実の所有者がAであるとして名義を戻した場合、当初より真実の所有者はAであった事実が立証できない限り、再度贈与税の課税問題が生じます。

---

11 相基通9-9（財産の名義変更があった場合）

不動産、株式等の名義の変更があった場合において対価の授受が行われていないとき又は他の者の名義で新たに不動産、株式等を取得した場合においては、これらの行為は、原則として贈与として取り扱うものとする。

第4節 **家屋の評価**

1 家屋の評価

1 自用家屋

　家屋の価額は、その家屋の固定資産税評価額に倍率1.0を乗じて評価します（財評通89）。

2 貸家の評価

　賃貸されている家屋は、その家屋の固定資産税評価額から、その評価額に借家権割合と賃貸割合を乗じた価額を控除して評価します（財評通93）。

　具体的には、家屋の固定資産税評価額が1,000、借家権割合が30％、賃貸割合が100％である場合、1,000−（1,000×30％×100％）で評価額は700となります。

（算式）

貸家の評価額

＝ 89《家屋の評価》、89−2《文化財建造物である家屋の評価》又は前項の定めにより評価したその家屋の価額（A）　− A × 94《借家権の評価》に定める借家権割合 × 26《貸家建付地の評価》の（2）の定めによるその家屋に係る賃貸割合

76　第2章　相続財産の範囲と評価

2 固定資産税評価額が付されていない家屋の評価

　生前に増改築等を行った家屋について、その増改築等の状況に応じた固定資産税評価額が付されていない場合があります。

(イ) 類似家屋比準方式(原則)

　この場合、増改築等に係る部分の価額として、当該増改築等に係る家屋と状況の類似した付近の家屋の固定資産税評価額を基として、その付近の家屋との構造、経過年数、用途等の差を考慮して評定した価額を加算した価額に基づき評価します。

(ロ) 再建築価額方式(実務)

　ただし、状況の類似した付近の家屋がない場合には、その増改築等に係る部分の再建築価額から償却費相当額を控除した価額の70%により評価を行います。

　ここでいう再建築価額とは、評価の対象となった家屋と同一のものを、評価の時点においてその場所に新築するものとした場合に必要とされる建築費をいいます。実務上は、取得価額や工事請負金額を用いることが多いといえます。なお、償却費相当額は、再建築価額から当該価額に0.1を乗じて計算した金額を控除した価額に、その建物の耐用年数(減価償却資産の耐用年数等に関する省令に規定する耐用年数)のうちに占める経過年数(増改築等の時から課税時期までの期間に相当する年数(その期間に1年未満の端数があるときは、その端数は、1年とします)の割合を乗じて計算します。

　固定資産税評価額が付されていない家屋の評価は、増改築のほか、いわゆる資本的支出に該当する建物の価値を高める大規模な修繕やバリアフリー改修工事などが該当します[12]。

12　法人税基本通達においては、例えば建物の避難階段の取付等物理的に付加した部分に係る費用や用途変更のための模様替え等改造又は改装費は、資本的支出に該当するとされています(法基通7-8-1)。一方、例えば建物の通常の維持管理のため、又は、き損した部分につきその原状を回復するために要した費用は修繕費にあたるとされています(法基通7-8-2)。

演習問題　問9 ———————————————— 固定資産税評価額が付されていない家屋の評価

　被相続人・甲野太郎（平成21年12月31日相続開始）は、生前の平成21年11月に自宅のバリアフリー改修工事を行い、工事施工業者に総額271万4,361円を支払っています。

　当該工事による価値の増加は、固定資産税評価額には含まれていません。

　この家屋の評価額はいくらになりますか。

御見積書

平成 21 年 8 月 14 日

甲野　太郎　　　　　　様

工 事 名　バリアフリー改修工事
　　　　　【ご契約分】

株式会社佐藤建設

お支払方法	振込み

お支払条件

契約時着手金	工事着工時	完了時引渡最終金
30%	50%	20%

〒1×× - ××××
東京都○○区○○

TEL. ×××-××××　　FAX. ×××-××××

税込合計金額	￥ 2,714,361		消費税5%	税額 ￥

項　　　目	数 量	単 価	金　　額	備 考

解答

　下記の計算の通り、固定資産税評価額の付されていない家屋として、172万9,048円を計上します。

　名　　　称：バリアフリー改修工事

　取　得　日：平成21年11月2日

　相続開始日：平成21年12月31日

取得価額 （A）	耐用年数 （B）	経過年数 （C）	償却費 （D）	経過後価格 A－D	評価額 （A－D）×0.7
2,714,361円	10年	2か月	244,292円	2,470,069円	1,729,048円

① 耐用年数は、建物附属設備→前掲のもの以外のもの及び前掲の区分によらないもの→その他のもの→10年とする。

78　第2章　相続財産の範囲と評価

減価償却資産の耐用年数表（別表第1）（抜粋）

種類	構造又は用途	細目	耐用年数	償却率		
				定額法（別表第八）	定率法（別表第九）	新定率法（別表第十）
建物附属設備	エヤーカーテン又はドアー自動開閉設備		12年	0.084	0.208	0.167
	アーケード又は日よけ設備	主として金属製のもの	15	0.067	0.167	0.133
		その他のもの	8	0.125	0.313	0.250
	店用簡易装備		3	0.334	0.833	0.667
	可動間仕切り	簡易なもの	3	0.334	0.833	0.667
		その他のもの	15	0.067	0.167	0.133
	前掲のもの以外のもの及び前掲の区分によらないもの	主として金属製のもの	18	0.056	0.139	0.111
		その他のもの	10	0.100	0.250	0.200
構築物	鉄道業用又	軌条及びその附属品	20	0.050	0.125	0.100

② 経過年数は2か月→1年となる。

③ 償却費 2,714,361円×0.9×1年／10年＝244,292円

実務上のポイント

被相続人の生前に建物の増改築等に係る支出がある場合、

① まずそれが資本的支出であるかを判断します。

② 次に、資本的支出である場合、再建築価額を算出し、減価償却を行って相続開始時の価額を算出します。価額の算出にあたっては、70%評価を忘れないようにしましょう。

第4節 家屋の評価 79

3 建築途中の家屋の評価

建築途中の家屋の場合には、固定資産税の評価額が付けられていません。

そこで、建築途中の家屋の価額は、以下の算式の通り、その家屋の費用現価の70%に相当する金額により評価します（財評通91）。

（算式）

建築途中の家屋の評価額 ＝ 費用現価の額 × 70%

この算式における「費用現価の額」とは、課税時期までに建物に投下された建築費用の額を課税時期の価額に引き直した額の合計額のことをいいます。

演習問題 問10 ──────────────────── 建築途中の家屋の評価

被相続人甲（平成22年10月5日相続開始）は、平成22年5月2日に賃貸用家屋を建築するため、建築業者との間で工事請負契約（金額8,000万円）を締結していましたが、当該家屋が完成する前に死亡しました。

甲は、相続開始日までに工事代金7,000万円を建築業者へ支払っていましたが、相続開始日における当該家屋の工事進行状況は、外形（屋根及び壁等）が完成し、各室の内装工事を残すのみであり、当該請負契約のおおむね90%が進行していました。

当該家屋は、平成22年11月25日に完成し、同日、甲の相続人は、工事代金の残額1,000万円を支払いました。

この場合、相続税申告における家屋の評価はどのようになりますか。

80　第2章　相続財産の範囲と評価

解答

当該家屋の評価額は、工事請負金額に工事進行度合を乗じて求めた額の70%による金額となります。

（算式）

8,000万円 × 90% × 70% ＝ 5,040万円

また、相続開始日における建築中の家屋の工事進行度合に応ずる費用相当額と被相続人が相続開始日までに支払った工事代金に差額が生じる場合には、その差額は被相続人の財産（前渡金）又は債務（未払金）となります。

（算式）

8,000万円 × 90% － 7,000万円 ＝ 200万円（未払金）

実務上のポイント

相続開始時点において、建物が建築途中である場合、

① まず見積書や契約書により工事請負金額を確認します。

② 次に、工事請負業者に工事の進行状況を確認します。

第**5**節　附属設備等の評価

1 家屋と構造上一体となっている設備

　家屋の所有者が有する電気設備(ネオンサイン、投光器、スポットライト、電話機、電話交換機及びタイムレコーダー等を除く)、ガス設備、衛生設備、給排水設備、温湿度調整設備、消火設備、避雷針設備、昇降設備、じんかい処理設備等で、その家屋に取り付けられ、その家屋と構造上一体となっているものについては、その家屋の価額に含めて評価します(財評通92)。

　なお、設備の工事を施し、当該工事の家屋の固定資産税評価額に含まれていない場合は、別途計上します。

2 門、塀等の設備

　門、塀、外井戸、屋外じんかい処理設備等の附属設備の価額は、その附属設備の再建築価額から、建築の時から課税時期までの期間の償却費の額の合計額又は減価の額を控除した金額の70%によって評価します(同92)。

　この場合における償却方法は、定率法によるものとし、その耐用年数は減価償却資産の耐用年数等に関する省令に規定する耐用年数によります。

3 庭園設備

　庭園設備(庭木、庭石、あずまや、庭池等をいう)の価額は、その庭園設備の調達価額の70%によって評価します(同92)。

第6節 構築物の評価

1 構築物の評価

　構築物は、原則として、1個の構築物ごとに評価します（財評通96）。

　ここでいう構築物は、土地又は家屋と一括して評価するものを除きます。

　構築物の価額は、その構築物の再建築価額から、建築の時から課税時期までの期間の償却費の額の合計額又は減価の額を控除した金額の70％によって評価します（財評通97）。

　この場合における償却方法は、定率法によるものとし、その耐用年数は耐用年数省令に規定する耐用年数によります。

2 構築物が独立して評価されるべきものか否か

　土地又は家屋と一体として評価される構築物は、その土地又は家屋の価格に含まれます。既に課税価格に算入されている財産について、重ねて別途独立した評価を行って課税価格に算入することは二重課税となるからです。

　構築物が、土地又は家屋と独立して評価されるべきものか否かについては、当該構築物が存在することによって、それが存在しない場合に比べて、当該土地や家屋の客観的価値を一般的・抽象的に上昇させるか否かにより決められるべきであるとされています（名古屋地裁平成11年5月14日判決〔税資242・576〕）。

第6節　構築物の評価　83

定率法未償却残額表（平成24年4月1日以後取得分）

経過年数＼耐用年数	3	4	5	6	7	8	9	10	11	12	13	14	15	16	17	18	19	20	21	22	23	24	25
償却率	0.667	0.500	0.400	0.333	0.286	0.250	0.222	0.200	0.182	0.167	0.154	0.143	0.133	0.125	0.118	0.111	0.105	0.100	0.095	0.091	0.087	0.083	0.080
改定償却率	1.000	1.000	0.500	0.334	0.334	0.334	0.250	0.250	0.200	0.200	0.167	0.167	0.143	0.143	0.125	0.112	0.112	0.112	0.100	0.100	0.091	0.084	0.084
1年	0.333	0.500	0.600	0.667	0.714	0.750	0.778	0.800	0.818	0.833	0.846	0.857	0.867	0.875	0.882	0.889	0.895	0.900	0.905	0.909	0.913	0.917	0.920
2	0.111	0.250	0.360	0.445	0.510	0.563	0.605	0.640	0.669	0.694	0.716	0.734	0.752	0.766	0.778	0.790	0.801	0.810	0.819	0.826	0.834	0.841	0.846
3	0.000	0.125	0.216	0.297	0.364	0.422	0.471	0.512	0.547	0.578	0.605	0.629	0.652	0.670	0.686	0.703	0.717	0.729	0.741	0.751	0.761	0.771	0.779
4		0.000	0.108	0.198	0.260	0.316	0.366	0.410	0.448	0.481	0.512	0.539	0.565	0.586	0.605	0.625	0.642	0.656	0.671	0.683	0.695	0.707	0.716
5			0.000	0.099	0.173	0.237	0.285	0.328	0.366	0.401	0.433	0.462	0.490	0.513	0.534	0.555	0.574	0.590	0.607	0.621	0.634	0.648	0.659
6				0.000	0.086	0.158	0.214	0.262	0.300	0.334	0.367	0.396	0.425	0.449	0.471	0.494	0.514	0.531	0.549	0.564	0.579	0.595	0.606
7					0.000	0.079	0.143	0.197	0.240	0.278	0.310	0.340	0.368	0.393	0.415	0.439	0.460	0.478	0.497	0.513	0.529	0.545	0.558
8						0.000	0.071	0.131	0.180	0.223	0.258	0.291	0.319	0.344	0.366	0.390	0.412	0.430	0.450	0.466	0.483	0.500	0.513
9							0.000	0.066	0.120	0.167	0.207	0.242	0.274	0.301	0.323	0.347	0.368	0.387	0.407	0.424	0.441	0.458	0.472
10								0.000	0.060	0.111	0.155	0.194	0.228	0.258	0.283	0.308	0.330	0.349	0.369	0.385	0.402	0.420	0.434
11								11年	0.000	0.056	0.103	0.145	0.182	0.215	0.242	0.269	0.293	0.314	0.334	0.350	0.367	0.386	0.400
12									12年	0.000	0.051	0.097	0.137	0.172	0.202	0.230	0.256	0.279	0.300	0.318	0.335	0.354	0.368
13										13年	0.000	0.048	0.091	0.129	0.162	0.191	0.219	0.244	0.267	0.286	0.305	0.324	0.338
14											14年	0.000	0.045	0.086	0.121	0.153	0.182	0.208	0.233	0.255	0.274	0.294	0.310
15												15年	0.000	0.043	0.081	0.114	0.145	0.173	0.200	0.223	0.244	0.264	0.281
16													16年	0.000	0.040	0.075	0.108	0.138	0.167	0.191	0.213	0.235	0.253
17														17年	0.000	0.036	0.071	0.103	0.133	0.159	0.183	0.205	0.225
18															18年	0.000	0.034	0.068	0.100	0.127	0.152	0.175	0.196
19																19年	0.000	0.033	0.067	0.095	0.122	0.146	0.168
20																	20年	0.000	0.033	0.064	0.091	0.116	0.139
21																		21年	0.000	0.032	0.061	0.086	0.111
22																			22年	0.000	0.030	0.057	0.083
23																				23年	0.000	0.027	0.054
24																					24年	0.000	0.026
25																						25年	0.000
26																		26年					
27																		27年					
28																		28年					
29																		29年					
30																		30年					
31																							
32																							
33																							
34																							
35																							
36																							
37																							
38																							
39																							
40																							
41																							
42																							
43																							
44																							
45																							
46																							
47																							
48																							
49																							
50																							

（備考）

1　この表は、定率法によって償却をする場合の各経過年数における未償却残額割合を示したものである。　（$\frac{未償却残額}{取得価額}$）

2　この表は、耐用年数省令別表第十に掲げる定率法の償却率、改定償却率及び保証率に基づき計算したものである。なお、算出された未償却残額割合は小数第4位を四捨五入したものによった。

3　経過年数を求める方式は次の例による。

　〔例示〕

　　法定耐用年数15年　取得価額 100,000円　変更時の帳簿価額 22,150円

　(1)　変更時の帳簿価額 22,150円÷取得価額 100,000円＝0.222（小数第4位を四捨五入）

　(2)　「0.222」は、「耐用年数15年」の欄の「0.228」と「0.182」の中間に位するから、下位の「0.182」に応ずる「経過年数11年」を経過年数とする。

（出典）国税庁個別通達「耐用年数の適用等に関する取扱通達の付表」

定率法未償却残額表（平成24年4月1日以後取得分）（続）

	26	27	28	29	30	31	32	33	34	35	36	37	38	39	40	41	42	43	44	45	46	47	48	49	50
	0.077	0.074	0.071	0.069	0.067	0.065	0.063	0.061	0.059	0.057	0.056	0.054	0.053	0.051	0.050	0.049	0.048	0.047	0.045	0.044	0.043	0.043	0.042	0.041	0.040
	0.084	0.077	0.072	0.072	0.072	0.067	0.067	0.063	0.063	0.059	0.059	0.056	0.056	0.053	0.053	0.050	0.050	0.048	0.046	0.046	0.044	0.044	0.044	0.042	0.042
	0.923	0.926	0.929	0.931	0.933	0.935	0.937	0.939	0.941	0.943	0.944	0.946	0.947	0.949	0.950	0.951	0.952	0.953	0.955	0.956	0.957	0.957	0.958	0.959	0.960
	0.852	0.857	0.863	0.867	0.870	0.874	0.878	0.882	0.885	0.889	0.891	0.895	0.897	0.901	0.903	0.904	0.906	0.908	0.912	0.914	0.916	0.916	0.918	0.920	0.922
	0.786	0.794	0.802	0.807	0.812	0.817	0.823	0.828	0.833	0.839	0.841	0.847	0.849	0.855	0.857	0.860	0.863	0.866	0.871	0.874	0.876	0.876	0.879	0.882	0.885
	0.726	0.735	0.745	0.751	0.758	0.764	0.771	0.777	0.784	0.791	0.794	0.801	0.804	0.811	0.815	0.818	0.821	0.825	0.832	0.835	0.839	0.839	0.842	0.846	0.849
	0.670	0.681	0.692	0.699	0.707	0.715	0.722	0.730	0.738	0.746	0.750	0.758	0.762	0.770	0.774	0.778	0.782	0.786	0.794	0.799	0.803	0.803	0.807	0.811	0.815
	0.618	0.630	0.643	0.651	0.660	0.668	0.677	0.685	0.694	0.703	0.708	0.717	0.721	0.730	0.735	0.740	0.744	0.749	0.759	0.763	0.768	0.768	0.773	0.778	0.783
	0.571	0.584	0.597	0.606	0.615	0.625	0.634	0.644	0.653	0.663	0.668	0.678	0.683	0.693	0.698	0.704	0.709	0.714	0.724	0.730	0.735	0.735	0.741	0.746	0.751
	0.527	0.541	0.555	0.564	0.574	0.584	0.594	0.604	0.615	0.625	0.631	0.641	0.647	0.658	0.663	0.669	0.675	0.680	0.692	0.698	0.704	0.704	0.710	0.715	0.721
	0.486	0.501	0.515	0.525	0.536	0.546	0.557	0.568	0.579	0.590	0.595	0.607	0.613	0.624	0.630	0.636	0.642	0.648	0.661	0.667	0.673	0.673	0.680	0.686	0.693
	0.449	0.464	0.479	0.489	0.500	0.511	0.522	0.533	0.544	0.556	0.562	0.574	0.580	0.592	0.599	0.605	0.611	0.618	0.631	0.638	0.644	0.644	0.651	0.658	0.665
	0.414	0.429	0.445	0.455	0.466	0.477	0.489	0.500	0.512	0.524	0.531	0.543	0.549	0.562	0.569	0.575	0.582	0.589	0.603	0.610	0.617	0.617	0.624	0.631	0.638
	0.382	0.397	0.413	0.424	0.435	0.446	0.458	0.470	0.482	0.494	0.501	0.514	0.520	0.534	0.540	0.547	0.554	0.561	0.575	0.583	0.590	0.590	0.598	0.605	0.613
	0.353	0.368	0.384	0.395	0.406	0.417	0.429	0.441	0.454	0.466	0.473	0.486	0.493	0.506	0.513	0.520	0.528	0.535	0.550	0.557	0.565	0.565	0.572	0.580	0.588
	0.326	0.341	0.357	0.368	0.379	0.390	0.402	0.414	0.427	0.440	0.446	0.460	0.467	0.481	0.488	0.495	0.502	0.510	0.525	0.533	0.540	0.540	0.548	0.557	0.565
	0.298	0.315	0.331	0.342	0.353	0.365	0.377	0.389	0.402	0.415	0.421	0.435	0.442	0.456	0.463	0.471	0.478	0.486	0.501	0.509	0.517	0.517	0.525	0.534	0.542
	0.271	0.288	0.305	0.318	0.330	0.341	0.353	0.365	0.378	0.391	0.398	0.411	0.418	0.433	0.440	0.448	0.455	0.463	0.479	0.487	0.495	0.495	0.503	0.512	0.520
	0.244	0.262	0.280	0.293	0.306	0.318	0.331	0.343	0.356	0.369	0.375	0.389	0.396	0.411	0.418	0.426	0.433	0.441	0.457	0.465	0.474	0.474	0.482	0.491	0.500
	0.216	0.236	0.254	0.268	0.282	0.295	0.309	0.321	0.335	0.348	0.354	0.368	0.375	0.390	0.397	0.405	0.413	0.420	0.437	0.445	0.453	0.453	0.462	0.471	0.480
	0.189	0.210	0.228	0.244	0.258	0.273	0.286	0.300	0.314	0.327	0.335	0.348	0.355	0.370	0.377	0.385	0.393	0.401	0.417	0.425	0.434	0.434	0.443	0.451	0.460
	0.162	0.183	0.203	0.219	0.235	0.250	0.264	0.278	0.293	0.307	0.315	0.329	0.337	0.351	0.358	0.367	0.374	0.382	0.398	0.407	0.415	0.415	0.424	0.433	0.442
	0.134	0.157	0.177	0.194	0.211	0.227	0.242	0.257	0.271	0.286	0.295	0.309	0.318	0.332	0.341	0.348	0.356	0.364	0.380	0.389	0.397	0.397	0.406	0.415	0.424
	0.107	0.131	0.151	0.170	0.187	0.204	0.220	0.235	0.250	0.266	0.275	0.290	0.299	0.314	0.323	0.331	0.339	0.347	0.363	0.372	0.380	0.380	0.389	0.398	0.407
	0.079	0.105	0.126	0.145	0.164	0.181	0.198	0.213	0.229	0.245	0.256	0.270	0.280	0.295	0.304	0.313	0.322	0.330	0.346	0.355	0.364	0.364	0.373	0.382	0.391
	0.052	0.078	0.100	0.120	0.140	0.158	0.176	0.192	0.208	0.225	0.236	0.251	0.261	0.277	0.286	0.296	0.305	0.313	0.330	0.339	0.348	0.348	0.357	0.366	0.375
	0.025	0.052	0.074	0.096	0.116	0.135	0.153	0.170	0.187	0.204	0.216	0.231	0.242	0.258	0.268	0.279	0.288	0.297	0.313	0.323	0.332	0.333	0.342	0.351	0.360
	0.000	0.026	0.049	0.071	0.092	0.113	0.131	0.149	0.166	0.184	0.196	0.212	0.223	0.239	0.250	0.261	0.271	0.280	0.296	0.306	0.316	0.318	0.327	0.336	0.346
		0.000	0.023	0.047	0.069	0.090	0.109	0.127	0.145	0.163	0.177	0.192	0.205	0.221	0.232	0.244	0.254	0.264	0.280	0.290	0.300	0.302	0.312	0.322	0.331
			0.000	0.022	0.045	0.067	0.087	0.105	0.124	0.143	0.157	0.173	0.186	0.202	0.214	0.226	0.237	0.247	0.263	0.274	0.284	0.287	0.297	0.307	0.317
				0.000	0.022	0.044	0.065	0.084	0.103	0.122	0.137	0.153	0.167	0.184	0.196	0.209	0.220	0.230	0.246	0.257	0.268	0.272	0.282	0.292	0.302
					0.000	0.021	0.043	0.062	0.082	0.102	0.117	0.134	0.148	0.165	0.178	0.192	0.203	0.214	0.230	0.241	0.252	0.256	0.267	0.277	0.288
31年						0.000	0.021	0.040	0.061	0.081	0.098	0.114	0.129	0.146	0.160	0.174	0.186	0.197	0.213	0.225	0.236	0.241	0.252	0.263	0.273
32年							0.000	0.019	0.039	0.061	0.078	0.095	0.110	0.128	0.142	0.157	0.169	0.180	0.196	0.208	0.220	0.226	0.237	0.248	0.259
33年								0.000	0.018	0.040	0.058	0.075	0.092	0.109	0.124	0.139	0.152	0.164	0.179	0.192	0.204	0.210	0.222	0.233	0.244
34年									0.000	0.019	0.038	0.056	0.073	0.091	0.106	0.122	0.136	0.147	0.163	0.176	0.188	0.195	0.207	0.218	0.230
35年										0.000	0.019	0.036	0.054	0.072	0.088	0.104	0.119	0.130	0.146	0.159	0.172	0.180	0.192	0.204	0.215
36年											0.000	0.017	0.035	0.053	0.070	0.087	0.102	0.114	0.129	0.143	0.156	0.164	0.177	0.189	0.201
37年												0.000	0.016	0.035	0.052	0.070	0.087	0.097	0.113	0.126	0.140	0.149	0.161	0.174	0.186
38年													0.000	0.016	0.034	0.052	0.068	0.080	0.096	0.110	0.124	0.134	0.146	0.159	0.172
39年														0.000	0.016	0.035	0.051	0.064	0.079	0.094	0.108	0.118	0.131	0.145	0.157
40年															0.000	0.017	0.034	0.047	0.062	0.077	0.092	0.103	0.116	0.130	0.143
41年																0.000	0.017	0.031	0.046	0.061	0.076	0.088	0.101	0.115	0.128
42年																	0.000	0.014	0.029	0.045	0.060	0.072	0.086	0.100	0.113
43年																		0.000	0.012	0.028	0.044	0.057	0.071	0.086	0.099
44年																			0.000	0.012	0.028	0.042	0.056	0.071	0.084
45年																				0.000	0.012	0.026	0.041	0.056	0.070
46年																					0.000	0.011	0.026	0.041	0.055
47年																						0.000	0.011	0.027	0.041
48年																							0.000	0.012	0.026
49年																								0.000	0.012
50年																									0.000

第6節　構築物の評価

演習問題　問11 ·· 構築物の評価

　被相続人甲（平成26年5月31日相続開始）は、生前に月極駐車場のアス
ファルト舗装工事を行い、代金として総額189万円を支払っています。

　当該工事による価値の増加は、土地の固定資産税評価額には含まれていま
せん。

　この構築物の価額はいくらになりますか。

〈被相続人の準確定申告書における減価償却の明細〉

○減価償却費の計算

（平成二十五年分以降用）	減価償却資産の名称等（繰延資産を含む）	面積又は数量	取得年月	⑪取得価額（償却保証額）	⑫償却の基礎になる金額	償却方法	耐用年数	⑪償却率又は改定償却率	⑪本年中の償却期間	⑪本年分の普通償却費（⑫×⑪×⑪）	⑪割増
	アスファルト舗装		年 月 H22 11	円 (1,890,000)	円 1,890,000	定額法	10	0.100	5 月 — 12	円 78,750	
			・	( )					— 12		
			・	( )					— 12		
			・	( )					— 12		

解答

　下記の計算の通り、構築物として、54万2,430円を計上します。

名　　　　称：構築物

取　　得　　日：平成22年11月2日

相続開始日：平成26年5月31日

名称	取得年月	取得価額(A)	耐用年数(B)	経過年数(C)	残価率(D)	評価額(A×D×0.7)
アスファルト舗装	平成22年11月	1,890,000円	10年	3年7か月	0.410	542,430円

① 耐用年数は、構築物→舗装道路及び舗装路面→アスファルト敷又は木
れんが敷きのもの→10年

86　第2章　相続財産の範囲と評価

減価償却資産の耐用年数表（別表第1）（抜粋）

種類	構造又は用途	細目	耐用年数	償却率 定額法（別表第八）	定率法（別表第九）	新定率法（別表第十）
構築物		野球場、陸上競技場、ゴルフコースその他のスポーツ場の排水その他の土工施設	年 30	0.034	0.083	0.067
		水泳プール	30	0.034	0.083	0.067
		その他のもの　児童用のもの　　すべり台、ぶらんこ、ジャングルジムその他の遊戯用のもの	10	0.100	0.250	0.200
		その他のもの	15	0.067	0.167	0.133
		その他のもの　　主として木造のもの	15	0.067	0.167	0.133
		その他のもの	30	0.034	0.083	0.067
	緑化施設及び庭園	工場緑化施設	7	0.143	0.357	0.286
		その他の緑化施設及び庭園（工場緑化施設に含まれるものを除く。）	20	0.050	0.125	0.100
	舗装道路及び舗装路面	コンクリート敷、ブロック敷、れんが敷又は石敷のもの	15	0.067	0.167	0.133
		アスファルト敷又は木れんが敷のもの	10	0.100	0.250	0.200
		ビチューマルス敷のもの	3	0.334	0.833	0.667

② 経過年数は3年7か月→4年

③ 残価率は0.410

耐用年数 償却率 定償却率 経過年数	3	4	5	6	7	8	9	10	11
	0.667	0.500	0.400	0.333	0.286	0.250	0.222	0.200	0.182
	1.000	1.000	0.500	0.334	0.334	0.334	0.250	0.250	0.200
1 年	0.333	0.500	0.600	0.667	0.714	0.750	0.778	0.800	0.818
2	0.111	0.250	0.360	0.445	0.510	0.563	0.605	0.640	0.669
3	0.000	0.125	0.216	0.297	0.364	0.422	0.471	0.512	0.547
4		0.000	0.108	0.198	0.260	0.316	0.366	0.410	0.448
5			0.000	0.099	0.173	0.237	0.285	0.328	0.366

第6節　構築物の評価　87

実務上のポイント

　被相続人が不動産賃貸業などを行っている場合は、事業に係る固定資産税の付されていない家屋や附属設備、構築物の有無は確定申告書の減価償却資産から把握することができます。

第7節 事業用財産の評価

被相続人が生前に個人商店などの事業を行っていた場合、商店の事業用資産も相続財産となります。

1 事業用現預金

事業用の現預金の評価は、一般の現預金と同様です。

2 貸付金、売掛金

貸付金、売掛金などの債権の価額は、次に掲げる元本の価額と利息の価額の合計額によって評価します(財評通204)。

　　イ　貸付金債権等の元本の価額……その返済されるべき金額

　　ロ　貸付金債権等に係る利息(支払期限未到来のもの)の額

　　　　……課税時期現在の既経過利息として支払を受けるべき金額

なお、貸付金債権等の評価上、その債権金額の全部又は一部が、課税時期において次に掲げる金額に該当するとき、その他その回収が不可能又は著しく困難であると見込まれるときにおいては評価しないこととなります(財評通205)。

　　イ　債務者について次に掲げる事実が発生している場合で、その債務者に対して有する貸付金債権等の金額のうち、質権、抵当権によって担保されていない部分の金額

　　(a)　手形交換所において取引停止処分を受けたとき

(b)　会社更生法の規定による更生手続開始の決定があったとき

　(c)　民事再生法の規定による再生手続開始の決定があったとき

　(d)　会社法の規定による特別清算開始の命令があったとき

　(e)　破産法の規定による破産手続開始の決定があったとき

　(f)　業況不振のため又はその営む事業について重大な損失を受けたため、その事業を廃止し、又は6か月以上休業しているとき

ロ　更生計画認可の決定、再生計画認可の決定、特別清算に係る協定の認可の決定又は法律の定める整理手続によらないいわゆる債権者集会の協議により、債権の切捨て、棚上げ、年賦償還等の決定があった場合において、これらの決定のあった日現在におけるその債務者に対して有する債権のうち、その決定により切り捨てられる部分の債権の金額及び次に掲げる金額

　(a)　弁済までの据置期間が、決定後5年を超える場合のその債権金額

　(b)　年賦償還等の決定により割賦弁済される債権については、課税時期後5年を経過した日後に弁済されることとなる部分の金額

ハ　当事者間の任意の契約により、債権の切捨て、棚上げ、年賦償還等が行われた場合には、それが金融機関のあっせんによるものであるなど、真正に成立したものであるときに限り、その債権のうちロに掲げる金額に準ずる金額

3　受取手形

　受取手形の価額は、課税時期から6か月を経過する日までに支払期限が到来するものはその券面額により、その他のものは、銀行その他の金融機関において割引を行った場合に回収し得ると認められる金額により評価します（財評通206）。

　なお、受取手形が回収困難と認められる場合の取扱いは、前述の貸付金、売掛金と同様です。

4 器具備品

クーラーや防犯カメラなどの器具備品は、一般動産として、原則として、売買実例価額、精通者意見価格等を参酌して評価します。

また、売買実例価額、精通者意見価格等が明らかでない動産については、その動産と同種及び同規格の新品の課税時期における小売価額から、その動産の製造の時から課税時期までの期間の定率法による償却費の額の合計額を控除した金額によって評価します(財評通129)。

実務上のポイント

固定資産税評価額の付されていない家屋や附属設備、構築物は70%評価を行いますが、器具備品は70%評価できないことに留意が必要です。

第8節 上場株式の評価

1 上場株式の評価

1 上場株式の評価

　上場株式とは、金融商品取引所に上場されている株式をいいます。

　上場株式は、課税時期の金融商品取引所が公表する課税時期の最終価格によって評価します。

　ただし、課税時期の最終価格が、次の3つの価額のうち最も低い価額を超える場合は、その最も低い価額により評価します。

・課税時期の月の最終価格の平均額
・課税時期の月の前月の最終価格の平均額
・課税時期の月の前々月の最終価格の平均額

　各月の最終価格の平均額は、日本取引所グループホームページ（http://www.jpx.co.jp/index.html）の月間相場表で確認できます。

92　第2章　相続財産の範囲と評価

例えば、以下の鈴木商事における平成30（2018）年2月の終値平均は3,891円となります。

月間相場表のイメージ

年月：2018/02

株式相場表（1000 ～ 1999）

立会日数：19

市場区分	信用・貸借	売買単位	始値(日)	高値(日)	安値(日)	終値(日)	終値平均	売買高	売買代金	値付日数
		株/口	円(¥)	円(¥)	円(¥)	円(¥)	円(¥)	株/口	円(¥)	
1××× 　鈴木商事　普通株式　　　卸売業										
1	貸借	100	4,150.00(1)	4,195.00(1)	3,645.00(14)	3,835.00(28)	3,891.05	922,600 (107,500)	3,564,413,565 (412,417,065)	19
1××× 　長谷川水産　普通株式　　　水産・農林業										

2　評価の安全性を考慮する理由

　相続による財産の移転は、被相続人の死亡という偶発的な要因に基づき発生するものです。

　証券取引所における上場株式の価格は、その時々の市場の需給関係によって値動きすることから、時には異常な需給関係に基づき価格が形成されることもあり得ます。偶発的な要因等によって無償取得した上場株式がこうした一時点における需給関係に基づく偶発的な価格によって評価される危険性を排除し、評価の安全を確保するため、課税時期における証券取引所の最終価格のみならず、ある程度の期間の最終価格の月平均額をも考慮して上場株式の評価を行うこととされています（東京地裁平成7年7月20日判決〔税資213・202〕参照）。

2　端株の調査

1　端株の調査

　上場株式を評価するにあたっては、証券会社の残高証明書だけでなく、名簿管理人[13]としての信託銀行等の残高証明書(所有株式数証明書、株式登録証明書ともいいます)を取得します。

　これは端株の確認を行うためです。

　通常の証券取引所での株取引は、各銘柄ごとに1,000株や100株など売買の最低単位である単元株数が決まっており、この1単元に満たない端数株式のことを単元未満株や端株といいます。

　端株については、株主総会における議決権の行使は認められませんが、利益配当請求権、書類閲覧謄写権、株主代表訴訟提起権等の株主の権利は認められています。

　この端株が名簿管理人の特別口座で管理されている場合、証券会社の残高証明書には記載がなされません。

　したがって、証券会社の残高証明書を取得すると同時に、名簿管理人からの残高証明書を取得します。

13　名簿管理人とは、株式の発行会社から委託を受けて、株主名簿の作成及び備え置き、そしてその他の株主名簿に関する事務を、発行会社に代わって行う者のことをいいます。

　証券代行機関、株式事務代行機関などと称されることもあり、通常、信託銀行等がこれにあたっています。

　取引所での株式売買は、証券会社に口座を開設し、株式を預けて行いますが、証券会社に株式を預けていない場合には、この信託銀行等の特別口座で管理されています。

94　第2章　相続財産の範囲と評価

<株式保有のイメージ>
　被相続人は、甲社の株式をA証券会社で1,000株、B証券会社で1,000株所有しています。これとは別に、名簿管理人の下で端株230株を所有しています。

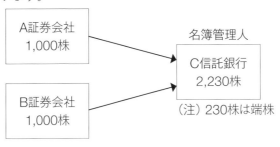

2　名簿管理人の株式数証明書の取得

①株式数証明書の請求

　名簿管理人の株式数証明書は、株式が名簿管理人の特別口座で管理されている場合は、「相続開始日」時点の残高証明書を発行することができます。

　ただし、証券会社において管理されている場合は、相続開始日時点の残高証明書を発行することができませんので、「基準日(決算日や中間決算日)」の残高証明書を取得します。やむを得ず、相続開始日直前の決算日と直後の決算日における株式数を確認し、相続開始日時点の株数に変動がないかを確認します。

②証明書の例

　上記の例の場合、230株が端株として特別口座で管理されています。これは相続開始日時点において、「230株」として証明書が発行されます。

特別口座の証明書の例

平成 30 年 8 月 9 日

あずさ信託銀行株式会社

所有株式数証明書（特別口座）

下記の通り振替口座簿に登録されていることを証明いたします。

記

証　明　日	平成 30 年 2 月 14 日　現在

銘　　　柄	鈴木商事株式会社 （普通株式）
加入者氏名	甲野　太郎
加入者住所	○○県○○市○○町

所有株式数	230株

以　上

　そのほか、証券会社に2,000株が預けられています。この2,000株については、相続開始日時点の株式数証明書は発行できませんので、相続開始日をはさむ直前直後の基準日の株式数証明書を取得します。

一般口座の証明書の例

平成 30 年 8 月 9 日

あずさ信託銀行株式会社

所有株式数証明書

下記の通り株主名簿に登録されていることを証明いたします。

記

証　明　日	平成 29 年 9 月 30 日　現在

銘　　　柄	鈴木商事株式会社 （普通株式）
加入者氏名	甲野　太郎
加入者住所	○○県○○市○○町

所有株式数	2,000株

以　上

証　明　日	平成 30 年 3 月 31 日　現在

銘　　　柄	鈴木商事株式会社 （普通株式）
加入者氏名	甲野　太郎
加入者住所	○○県○○市○○町

所有株式数	2,000株

以　上

実務上のポイント

　端株があるかどうかは、配当金の通知書からもわかります（配当金の通知書に記載されている株式数には端株が含まれています）。

第8節　上場株式の評価　97

3 株式数の異動履歴

なお、信託銀行等に請求することで、名義書換から現在までの株式数の異動がわかります(次頁「株式異動証明書」参照)。

いつ購入し、どのような経緯(増資や合併、分割)で今の株数に至るのかが記載されています。

実務上のポイント

株式の異動の履歴は、例えば、いつ購入して、どのように売ったり買ったりされているのかなどを確認することにより名義株の判断に使えます。

4 相続開始直前に上場株式が売却された場合の取扱い

相続開始直前に上場株式を売却し、相続開始時点において引渡し及び代金決済が未了の場合の相続財産は上場株式となるのでしょうか。

このような相続開始直前に売却され、相続開始時点において引渡し及び代金決済が未了の上場株式に係る相続税の課税財産は、当該株式の売買代金請求権であり、その評価は、売買価額により評価することとされています(国税庁質疑応答事例「相続開始直前に上場株式が売却された場合の相続財産」参照)。

なお、当該売買に係る証券会社に対する未払手数料は、相続開始の際に存する被相続人の確実な債務と認められるため、債務控除の対象となります。

98　第2章　相続財産の範囲と評価

株式異動証明書

平成 30 年 8 月 4 日

あずさ信託銀行株式会社

株式異動証明書

下記の通り相違ないことを証明いたします。

記

銘　　柄	鈴木商事株式会社 （普通株式）
株主氏名	甲野　一郎
株主住所	○○県○○市○○町

異動年月日	異動事由	異動株式数		現在株式数	備考
		増加	減少		
1973.○.○	名義書換	2,000		2,000	
1974.○.○	名義書換		1,000	1,000	
1975.○.○	有償増資	300		1,300	
1979.○.○	無償増資	65		1,365	
1984.○.○	無償増資	136		1,501	
1985.○.○	無償増資	150		1,651	
2009.○.○	総株主通知			1,651	
2015.○.○	現在			1,651	
				以下余白	

以上

5 配当期待権

1 配当期待権の認識

　株式の配当金交付の基準日の翌日から配当金交付の効力が発生する日までの間における配当金を受けることができる権利を配当期待権といいます。

　通常、配当金の交付は基準日における株主に対してその後の株主総会において決議されます。

　仮に相続発生日までに配当金支払の決議がなされていなくても、その後の株主総会等で決議されれば配当金を受け取ることができるため、同権利を被相続人の相続財産として計上することとなります。

2 相続財産としての配当期待権

　例えば、被相続人(4月10日死亡)が所有する株式の発行会社の決算日(基準日)が3月31日で、6月27日の株主総会において配当金の決議がなされたとします。

　この場合は、基準日(3月31日)における株主に配当が支払われるため相続財産(配当期待権)となります。

3/31 決算日	4/10 死亡	6/27 株主総会	7/30 配当金入金	
▽	▼	▽	▽	＝ 相続財産 (配当期待権)

3 未収配当金となる場合

　相続開始日において既に株主総会の決議を終えている場合、単に口座への入金がなされていないということになるため未収配当金となります。

3/31 決算日	6/27 株主総会	7/10 死亡	7/30 配当金入金	
▽	▽	▼	▽	＝ 相続財産 (未収配当金)

4 相続財産とならない場合

　相続開始日が未だ基準日の前である場合は、その時点では配当金を受け取る権利が確定していませんので、配当期待権は生じません。

3/10 死亡	3/31 決算日		6/27 株主総会		7/30 配当金入金	
▼	▽		▽		▽	＝ 非相続財産

5 配当期待権の評価

　配当期待権の価額は、課税時期後に受けると見込まれる予想配当の金額から、当該金額につき源泉徴収されるべき所得税・住民税の額に相当する金額を控除して評価します（財評通193）。

演習問題 **問12** .... 配当期待権の評価

　被相続人（平成29年4月23日相続開始）は、鈴木商事株式会社の上場株式を5,000株保有していました。

　鈴木商事株式会社は、平成29年3月期（3月決算）において、1株当たり60円の配当を行っています。

　配当期待権の価額はいくらになりますか。

　　　配当金額　　1株当たり　60円
　　　決算日　　　平成29年3月31日
　　　基準日　　　平成29年3月31日
　　　決議日　　　平成29年6月27日

第8節　上場株式の評価　101

解答

配当期待権の価額は以下の通り。

配当金額　　源泉徴収税率　　所有株数　　配当期待権の価額
60円 × (1 − 20.315%) × 5,000株 = 239,055円

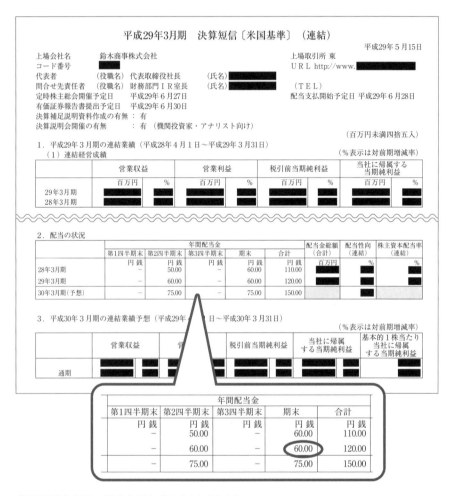

（注）配当金額は、配当金通知書からもわかります。

第9節 公社債の評価

公社債とは、国や地方公共団体、株式会社などが一般投資家から資金を調達するために発行する有価証券です。

公社債は、銘柄ごとに券面額100円当たりの単位で評価することになっています。

1 利付公社債の評価

利付公社債とは、定期的に利子が支払われる債券で、利払いは年間の一定期日に、その債券に付された利札(クーポン)を切り取って行われます。

1 金融商品取引所に上場されている利付公社債

金融商品取引所に上場されている利付公社債は、以下の算式により評価します。

(算式)

市場価額を基とした評価額
$$= \langle 最終価額 + 源泉所得税額相当額控除後の既経過利息の額 \rangle \times \frac{券面額}{100円}$$

上記算式中の「最終価額」は、日本証券業協会において売買参考統計値が公表される銘柄として選定された利付公社債である場合には、金融商品取引所が公表する「最終価額」と日本証券業協会が公表する「平均値」とのいずれか低いほうの金額となります。

第9節　公社債の評価　103

2 売買参考統計値が公表されている利付公社債

　日本証券業協会において売買参考統計値が公表される銘柄として選定された利付公社債は、以下の算式により評価します。

（算式）

市場価額を基とした評価額
＝〈平均値＋源泉所得税額相当額控除後の既経過利息の額〉× $\dfrac{券面額}{100円}$

　なお、上場されているものは **1** により評価します。

【ケース】
　被相続人（平成27年11月20日相続開始）は、下記の債券（社債）を所有していました。
　当該会社の社債は上場されていませんが、日本証券業協会において売買参考統計値が公表されています。

① 証券会社より残高証明書を入手します。

残 高 証 明 書

朝日証券株式会社

■証券・金銭残高

種類	銘柄名	数量	摘要
債　券	108　田中商事	3,000千円	

以下余白

104　第2章　相続財産の範囲と評価

② 日本証券業協会のホームページ（http://www.jsda.or.jp/）で売買参考統計値が公表されているかを確認します。

銘　柄	償還期日	利率(%)	平均値 単価(円)	平均値 前日比(銭)	平均値 複利利回り(%)	平均値 単利利回り(%)	中央値 単価(円)	中央値 前日比(銭)
田中商事 108	2017/03/13	1.11	101.08	0	0.284	0.281	101.08	0

平成27年11月20日（金）発表

第9節　公社債の評価　105

③　発行会社のホームページ等から社債の情報を入手します。

田中商事株式会社

（証券コード：×××）

田中商事株式会社
第108回無担保社債の発行について

　第108回無担保社債の発行条件を下記のとおり決定しましたのでお知らせいたします。

記

田中商事株式会社　　第108回無担保社債

1）社債の総額　　　　　　金300億円
2）各社債の金額　　　　　金100万円
3）利率　　　　　　　　　年1.11%
4）払込金額　　　　　　　額面100円につき金100円
5）期限及び償還方法　　　5年（平成29年3月13日満期）
　　　　　　　　　　　　　満期一括償還
6）利払日　　　　　　　　毎年3月13日及び9月13日
7）募集期間　　　　　　　平成24年2月27日から平成24年3月9日まで
8）払込期日　　　　　　　平成24年3月13日

【評価額】
　社債の評価を以下の通り行います。

券面額：3,000,000円　平均値：101.08円　利率：1.11%
利払日：3/13、9/13

①平均値　　　　101.08円

②既経過利息　　100円×1.11%×68日／365日×（1−20.315%）

　　　　　　　　＝0.164784円

（注）額面100円につき100円

　　　平成27年9月14日〜平成27年11月20日　→　68日

③最終価格　　　①+②＝101.08円+0.164784円＝101.244784円

④評価額　　　　③×3,000,000円／100円＝3,037,343円

3　その他の利付公社債

1 及び **2** 以外の利付公社債は、以下の算式により評価します。

（算式）

発行価額を基にした評価額

$$＝〈発行価額＋源泉所得税額相当額控除後の既経過利息の額〉×\frac{券面額}{100円}$$

【ケース】

　被相続人（平成27年11月20日相続開始）は、下記の債券（社債）を所有していました。当該会社の社債は上場されておらず、日本証券業協会においても売買参考統計値が公表されていません。

① 証券会社より残高証明書を入手します。

残　高　証　明　書

朝日証券株式会社

■証券・金銭残高

種類	銘柄名	数量	摘要
債券	15　山本商事	10,000千円	

以下余白

② 証券会社から送られてくる取引残高報告書からも利率や利払日がわかります。

取引残高報告書

お預り残高等の明細

■債権

銘柄名	数量	評価単価	評価金額	備考
15　山本商事	千円 10,000	100.13円	10,013,000円	年利率　0.59% 利払日　4/19・10/19 償還日　28年4月19日

朝日証券株式会社

【評価額】

社債の評価を以下の通り行います。

> 券面額：10,000,000円　発行価額：100円　利率：0.59%
> 利払日：4/19、10/19

①発行価額　　100円
②既経過利息　100円 × 0.59% × 32日／365日 ×（1−20.315%）
　　　　　　　　＝ 0.041217円
　（注）平成27年10月20日〜平成27年11月20日　→　32日
③最終価格　　① ＋ ② ＝ 100円 ＋ 0.041217円 ＝ 100.041217円
④評価額　　　③ × 10,000,000円／100円 ＝ 10,004,121円

4 外国公社債の評価

外国債券の評価は、国内債券と同様に行います。

（算式）

発行価額を基にした評価額

＝〈発行価額＋源泉所得税額相当額控除後の既経過利息の額〉× $\dfrac{券面額}{100円}$

【ケース】

被相続人・甲野 太郎（平成26年2月21日相続開始）は、下記の債券（社債）を所有していました。

＜残高証明書＞

残 高 証 明 書

〒1××－××××
住 所 　東京都○○区○○

平成 26 年 4 月 7 日

お名前 　　　甲野 太郎 　　様

山城証券株式会社

平成 26 年 2 月 21 日現在の有価証券等の残高は以下のとおりであることを証明します。

銘 柄 名	数 量	単位	預り区分	備 考
アジア国際銀行 ユーロ円	*3,000,000	JPY	保護預り	発行価格：99.98 円
ユーロバンク ユーロ米ドル	*60,000	USD	保護預り	発行価格：100.00 米ドル 山城証券為替：102.05 円
ＡＢＣバンク ユーロ豪ドル	*57,000	AUD	保護預り	発行価格：99.94 豪ドル 山城証券為替：91.30 円

<取引残高報告書>

甲野 太郎 様

お預り残高の明細

【MRF および金銭】
内　訳	金　額	評 価 額	備　考
円建て MRF	950,495 口	950,495 1口当り1円	
お預り金	0円	＊＊＊＊＊＊＊	

【債 券 等】
銘 柄 名 等	数 量（額面）	評 価 額	お預り日	備　考		
アジア国際銀行 ユーロ円	3,000,000 円	2,899,200 円	2013. 8 .30	参考単価　　　　96.64 円 買付単価　　　100.00 円 償還日　2020／9／14　利率 利払日　3／14、9／14		0.63%
ユーロバンク ユーロ米ドル	60.000 米ドル	5,739,823 円	2013.10.31	参考単価　　　93.88 米ドル 買付単価　　100.00 米ドル 償還日　2018／10／30　利率 利払日　4／30、10／30	参考為替レート 101.90 円 買付為替レート 98.05 円 	1.43%
ＡＢＣバンク ユーロ豪ドル	57.000 豪ドル	5,022,074 円	2013. 9 .30	参考単価　　　96.46 豪ドル 買付単価　　100.00 豪ドル 償還日　2018／9／27　償利率 利払日　3／27、9／27	参考為替レート 91.34 円 買付為替レート 93.85 円 	3.99%

【評価額】

外国社債の評価を以下の通り行います。

（1）アジア国際銀行

額　面：3,000,000円　発行価額：99.98円　利率：0.63%

利払日：3/14、9/14

①発行価額　　99.98円（額面100円につき99.98円）

②既経過利息　100円 × 0.63% × 160日／365日 ×（1−20.315%）

　　　　　　　＝ 0.2200615円

　（注）平成25年9月15日〜平成26年2月21日　→　160日

③最終価格　　① ＋ ② ＝ 99.98円 ＋ 0.2200615円 ＝ 100.2000615円

④評価額　　　③ × 3,000,000円／100円 ＝ 3,006,001円

（2）ユーロバンク

> 額　面：60,000米ドル　発行価額：100.00米ドル　利率：1.43%
> 利払日：4/30、10/30

①発行価額　　100.00米ドル
②既経過利息　100.00米ドル × 1.43% × 114日／365日
　　　　　　　　× （1-20.315%）＝ 0.3558972米ドル
　（注）平成25年10月31日～平成26年2月21日　→　114日
③最終価格　　① ＋ ② ＝ 100.00米ドル ＋ 0.3558972米ドル
　　　　　　　＝ 100.3558972米ドル
④評価額　　　③ × 60,000米ドル／100米ドル × 102.05円 ＝ 6,144,791円
　（注）TTBレート：1ドル＝102.05円とする。

（3）ABCバンク

> 額　面：57,000豪ドル　発行価額：99.94豪ドル　利率：3.99%
> 利払日：3/27、9/27

①発行価額　　99.94豪ドル（額面100豪ドルにつき99.94豪ドル）
②既経過利息　100.00豪ドル × 3.99% × 147日／365日 ×（1-20.315%）
　　　　　　　＝ 1.2804833豪ドル
　（注）平成25年9月28日～平成26年2月21日　→　147日
③最終価格　　① ＋ ② ＝ 99.94豪ドル ＋ 1.2804833豪ドル
　　　　　　　＝ 101.2204833豪ドル
④評価額　　　③ × 57,000豪ドル／100豪ドル × 91.30円 ＝ 5,267,615円
　（注）TTBレート：1豪ドル＝91.30円とする

実務上のポイント

　これらの計算は、相続開始日において解約した場合の既経過利息の算定の
ためのものとなります。

2 国債の評価

　個人向け国債は、課税時期において中途換金した場合に取扱機関から支払いを受けることができる価額により評価します。

　国債は、財務省ホームページ（http://www.mof.go.jp/index.htm）において、中途換金時の受取価格を算定することができます。

【ケース】
　被相続人（平成28年7月14日相続開始）は、下記の国債を所有していました。第15回債個人向け国債（変動・10年）、額面500万円を評価してみます。

```
                                            平成 28 年 9 月 10 日
口 座 名    甲野 太郎 様
口座番号    ×××××××                      武蔵証券株式会社

              残　高　証　明　書

平成 28 年 7 月 14 日現在、上記口座におけるお預り金銭及び証券残高は
下記の通りであることを証明します。
                          記
```

種　類	銘　　柄	数　量	備　考
金　銭	お預り金	0円	
公社債等	第13回 個人向け利付国債（変動・10年）	5,000,000円	
	第15回 個人向け利付国債（変動・10年）	5,000,000円	

① 財務省のホームページで発行条件を確認します。

商品概要

半年毎に利率が変わる「変動10年」、利率が満期まで変わらない「固定5年」、「固定3年」の商品概要をご案内します。

› 変動10年　› 固定5年　› 固定3年

発行条件

個人向け国債「変動10年」、「固定5年」、「固定3年」の発行条件をご案内します。

› 変動10年　› 固定5年　› 固定3年

国債を購入される方へ

個人向け国債を購入する際は、毎回の募集期間内に金融機関等で申し込みをしていただくことになります。購入のために必要なものは、購入代金、預金通帳、印鑑等です。

【ご注意】
国債は証券が発行されず（ペーパーレス）、口座上の記録によって管理されています。初めて国債を購入する場合は、購入する金融機関で国債の取引をするための口座を開設していただく必要があります。
初めて口座を開設するときは、犯罪による収益の移転防止に関する法律に定める書類（運転免許証、マイナンバーが記載されている書類など）及び印鑑等が必要になります。

金融機関によっては口座の管理手数料等がかかる場合があります。

[発行スケジュールを見る →]　　[取扱金融機関一覧を見る →]

利子計算期間や適用利率を確認します。

― 変動10年の発行条件（過去の償還済み銘柄）

※（　）内は募集月を示す。

平成19年

➡ 第21回債（12月）　➡ 第20回債（9月）　➡ 第19回債（6月）　➡ 第18回債（3月）

平成18年

➡ 第17回債（12月）　➡ 第16回債（9月）　➡ 第15回債（6月）　➡ 第14回債（3月）

変動10年（第15回）の発行条件

募集期間	平成18年6月9日（金）～7月4日（火）			
発行日	平成18年7月18日			
	適用利率の算式「<u>基準金利</u>-0.80%」			
	利子計算期間	基準金利	適用利率 （税引前）	適用利率 （税引後）
	平成18年7月16日から平成19年1月15日	1.90%	1.10%	0.880%
	平成19年1月16日から平成19年7月15日	1.64%	0.84%	0.672%
	平成19年7月16日から平成20年1月15日	1.81%	1.01%	0.808%
	平成20年1月16日から平成20年7月15日	1.48%	0.68%	0.544%
	平成20年7月16日から平成21年1月15日	1.80%	1.00%	0.800%
	平成21年1月16日から平成21年7月15日	1.38%	0.58%	0.464%
	平成21年7月16日から平成22年1月15日	1.53%	0.73%	0.584%
	平成22年1月16日から平成22年7月15日	1.25%	0.45%	0.360%
	平成22年7月16日から平成23年1月15日	1.28%	0.48%	0.384%
利率（年率）（注）	平成23年1月16日から平成23年7月15日	1.19%	0.39%	0.312%
	平成27年7月16日から平成28年1月15日	0.45%	0.05%	0.0398425%
	平成28年1月16日から平成28年7月15日	0.32%	0.05%	0.0398425%
基準金利の決定月	毎年6月及び12月（年2回）			
利払日	毎年7月15日及び1月15日（年2回）			
償還期限	平成28年7月15日			
募集の価格	額面金額100円につき100円			
償還金額	額面金額100円につき100円			

② 中途換金評価額を算出します。

－ 国債シミュレーション

中途換金シミュレーション ▶	購入シミュレーション ▶
中途換金をお申し込みいただく際の経過利子相当額及び中途換金調整額をシミュレーションできます。	個人向け国債の直近までの受取利子額をシミュレーションできます。

①個人向け国債「変動10年」の回号

└ 回号を選択してください。　　　　　　　　　　第 015 回

②中途換金実施日

└ 実施日を選択してください。　　　　平成 28 年 07 月 14 日

③中途換金する額面金額

└ 中間換金する額面をご記入ください。　　　500 万円

シミュレーション結果を表示する

第9節　公社債の評価　115

シミュレーション結果

銘　柄：変動10年　第 015 回債
中途換金実施日：H28.07.14

(A) 中途換金する額面金額
5,000,000円

(B) 経過利子相当額
1,239円

(C) 中途換金調整額
1,992円

(D) 中途換金時の受取金額 ＝ (A) ＋ (B) － (C)
4,999,247円

（ご参考）

(E) 前回までの受取利子累計	
税引前	税引後
207,250円	165,783円

(F) 受取金額合計 ＝ (D) ＋ (E)	
税引前	税引後
5,206,497円	5,165,030円

経過利子相当額の算出式

中途換金する額面金額		適用利率		経過日数/年日数		金額
5,000,000	×	0.05 ％	×	181/365	＝	1,239円

中途換金調整額の算出式

中途換金する額面金額		適用利率		計算期間		金額
5,000,000	×	0.05 ％	×	1/2	＝	① 1,250円
5,000,000	×	0.05 ％	×	1/2	＝	② 1,250円
① × 0.79685 ＋ ② × 0.79685					＝	1,992円

【評価額】

　この場合、額面5,000,000円の国債は、中途換金時の税引後の受取金額
4,999,247円により評価します。

第10節 証券投資信託受益証券の評価

1 証券投資信託受益証券とは

　証券投資信託の受益証券とは、投資信託会社が投資家から集めた資金を株式などの有価証券に投資し、その運用によって得た利益を受けることができる権利を表示した有価証券をいいます。

　証券投資信託の受益証券は、課税時期において解約請求又は買取請求（以下「解約請求等」といいます）を行ったとした場合に証券会社などから支払いを受けることができる価額により評価します。

2 日々決算型の証券投資信託の受益証券

　中期国債ファンドやMMF等の、毎日決算されている証券投資信託の受益証券のことを日々決算型の証券投資信託の受益証券といいます。

　課税時期において解約請求等により証券会社などから支払いを受けることができる価額として、次の算式により計算した金額によって評価します。

（算式）

$$\text{1口当たりの基準価格} \times \text{口数} + \text{再投資されていない未収分配金（A）} - \text{Aにつき源泉徴収されるべき所得税の額に相当する金額} - \text{信託財産留保額及び解約手数料（消費税額に相当する額を含む。）}$$

第10節　証券投資信託受益証券の評価　117

【ケース】

被相続人は下記の日々決算型の証券投資信託の受益証券を所有しています。

円建てのMRFと外貨建てのMMFを評価してみます。

残 高 証 明 書

〒1××−××××
住 所 　東京都○○区○○

お名前 　甲野 太郎 　様

平成 26 年 4 月 7 日

山城証券株式会社

平成 26 年 2 月 21 日現在の有価証券等の残高は以下のとおりであることを証明します。

銘　柄　名	数　量	単位	預り区分	備　考
円建てMRF	*47,415	口	累投	1口1円
外貨建てMMF／米ドルポート	*42,853	口	累投	1口 0.01 米ドル 山城証券為替：111.95 円

【評価額】

評価額は以下の通り、MRFは4万7,415円、外貨建てMMFは4万7,973円となります。

① 円建て MRF

銘柄	数量 ①	基準価額（1口当たり） ②	評価額 ①×②
MRF	47,415口	1円	47,415円

② 外貨建て MMF

銘柄	数量 ①	基準価額 （1口当たり） ②	TTB ③	評価額 ①×②×③
外貨建て MMF（米ドル）	42,853口	0.01米ドル	111.95円	47,973円

3 上記以外の証券投資信託の受益証券

■2以外の証券投資信託の受益証券は、課税時期において解約請求等により、証券会社などから支払いを受けることができる価額として、次の算式により計算した金額によって評価します。

1万口当たりの基準価額が公表されている証券投資信託については、口数を1万で除して求めますので注意が必要です。

（算式）

課税時期の
1口当たり × 口数 － 課税時期において解約請求 － 信託財産留保額及
の基準価額　　　　　　等した場合に源泉徴収され　　び解約手数料（消
　　　　　　　　　　　　るべき所得税の額に相当す　　費税額に相当する
　　　　　　　　　　　　る金額　　　　　　　　　　額を含む。）

また、課税時期の基準価額がない場合には、課税時期前の基準価額のうち、課税時期に最も近い日の基準価額を課税時期の基準価額として計算します。

なお、「課税時期において解約請求等した場合に源泉徴収されるべき所得税の額に相当する金額」は、下記の算式により算出します。

（算式）

$$（基準価額 － 個別元本） \times \frac{口数}{10,000} \times 20.315\%$$

（注）　個別元本は、取引報告書に記載があればそれによりますが、なければ証券会社等に問い合わせて確認します。

【ケース】

被相続人は下記の証券投資信託の受益証券を所有しています。

証券会社における残高証明書は、以下の通りです。

平成 26 年 4 月 7 日

残　高　証　明　書

　　故　　甲野 太郎　様
　相続人　甲野 一郎　様

信濃証券株式会社

　　下記は平成 26 年 2 月 21 日現在の被相続人様ご名義下記勘定残高について相違ありません。

【ファンド別お預り残高】

ファンド	残高口数	ご参考：基準価額
ＡＢＣグローバル債券オープン（毎月分配型）	1,977,852口	¥8,786-（1万 口あたり）
以下余白	口	

各項目の数値は以下の通りとなります。

銘柄	口数	基準価額（1万口当たり）	個別元本	源泉徴収税額	信託財産留保額	評価額
ABCグローバル債券オープン	1,977,852口	8,786円	8,631円	6,227円	0.30%*	1,726,300円

（算式）

課税時期の
1 口 当 た り × 口数
の基準価額

課税時期において解約請求
等した場合に源泉徴収され
るべき所得税の額に相当す
る金額

信託財産留保額及
び解約手数料（消
費税額に相当する
額を含む。）

120　第 2 章　相続財産の範囲と評価

① 1万口当たりの基準価額　8,786円
② 口数　1,977,852口
③ 源泉徴収税額　　（8,786円－8,631円）×②／10,000×20.315%
　　　　　　　　　＝6,227円
④ 信託財産留保額　①×②／10,000×0.30%＝5,213円
⑤ 評価額　　　　　①×②／10,000－③－④＝1,726,300円

＊信託財産留保額は、「投資信託説明書（交付目論見書）」により確認します。

投資信託説明書（交付目論見書）のイメージ

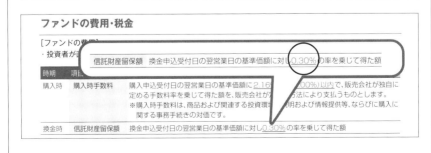

第**11**節 取引相場のない株式の評価

1 評価の方式

　取引相場のない株式は、相続や贈与などで株式を取得した株主が、その株式発行会社の経営支配力を持っている同族株主であれば原則的評価方式、それ以外の少数株主であれば特例的評価方式の配当還元方式により評価します。

1 原則的評価方式

　支配株主のもつ取引相場のない株式は、原則として、類似業種比準方式と純資産価額方式を併用して評価を行います。

①類似業種比準方式

　類似業種比準方式は、評価会社と業種や規模等が類似する公開会社と比較して株価を算出する方法です。

　類似業種比準方式は、下記の算式のとおり、類似業種の株価を基に、評価する会社の1株当たりの「配当金額」、「利益金額」及び「純資産価額(簿価)」の3つで比準して評価します。

　なお、類似業種の業種目及び業種目別株価などは、国税庁ホームページで閲覧できます。

122　第2章　相続財産の範囲と評価

（算式）

$$1株当たりの価格＝A× \left[\frac{\frac{Ⓑ}{B} + \frac{Ⓒ}{C} + \frac{Ⓓ}{D}}{3} \right] ×0.7（中会社0.6、小会社0.5）$$

A ＝類似業種の課税時期の属する月以前3か月間の各月の株価、前年平均株価、2年平均株価のうち最も低い金額

B ＝課税時期の属する年の類似業種の1株当たり配当金額

C ＝課税時期の属する年の類似業種の1株当たり年利益金額

D ＝課税時期の属する年の類似業種の1株当たり純資産価額（帳簿価額）

Ⓑ＝評価会社の直前期末における1株当たり配当金額

Ⓒ＝評価会社の直前期末における1株当たり利益金額

Ⓓ＝評価会社の直前期末における1株当たり純資産価額（帳簿価額）

　類似の業種目は、国税庁「日本標準産業分類の分類項目と類似業種比準価額計算上の業種目との対比表」により判定します。

　例えば、評価会社が農業サービス業を営んでいる場合、類似業種比準価額の計算上の業種目は「その他産業（113）」となります。

（別表）日本標準産業分類の分類項目と類似業種比準価額計算上の業種目との対比表（平成29年分）

日本標準産業分類の分類項目		類似業種比準価額計算上の業種目			規模区分を判定する場合の業種
大　分　類		大　分　類		番　号	
中　分　類		中　分　類			
	小　分　類		小　分　類		
A　農業，林業		その他の産業		113	卸売業、小売・サービス業以外
01　農業					
	011　耕種農業				
	012　畜産農業				
	013　農業サービス業（園芸サービス業を除く）				
	014　園芸サービス業				
02　林業					
	021　育林業				
	022　素材生産業				
	023　特用林産物生産業（きのこ類の栽培を除く）				
	024　林業サービス業				
	029　その他の林業				
B　漁業					

②純資産価額方式

　純資産価額方式は、会社の総資産や負債を原則として相続税の評価に洗い

第11節　取引相場のない株式の評価　123

替えて、その評価した総資産の価額から負債や評価差額に対する法人税額等相当額を差し引いて評価する方法です。

（算式）

1株当たりの価格

$$= \frac{（相続税評価額による純資産価額－含み益に対応する法人税等）}{発行済株式総数}$$

③会社の規模区分

　上場企業に匹敵するような大規模な非上場会社の株式は、その株式が上場されるとすれば流通市場において価格形成が行われるものであるところから、流通市場の株価に比準することが合理的とされています。

　したがって、原則的評価方式においては、評価会社を総資産価額、従業員数、及び取引金額の3つのポイントにより「大会社」、「中会社」又は「小会社」のいずれかに区分して、次のような方法で評価します（財評通178、179）。

財産評価基本通達における会社の規模区分

規模区分		評　価　方　法
大　法　人		類似業種比準方式 （ただし、純資産価額方式によることもできる）
中法人	大	類似業種比準方式×0.90＋純資産価額方式×0.10
	中	類似業種比準方式×0.75＋純資産価額方式×0.25
	小	類似業種比準方式×0.60＋純資産価額方式×0.40
小　法　人		純資産価額方式 （ただし、類似業種比準方式×0.50＋純資産価額方式×0.50によることもできる）

2 特例的評価方式(配当還元方式)

配当還元方式とは、その株式を所有することによって受け取る1年間の配当金額を、一定の利率(10%)で還元して元本である株式の価額を評価する方法をいいます(財評通188-2)。

(算式)

$$配当還元価額 = \frac{その株式に係る年配当金額^*}{10\%} \times \frac{その株式の1株当たりの資本金の額}{50円}$$

$$\text{* 年配当金額} = \frac{直前期末以前2年間の配当金額}{2} \div 1株当たりの資本金の額を50円とした場合の発行済株式数$$

(注)年配当金額が2円50銭未満となる場合、又は無配の場合は2円50銭とします。

2 株主区分

取引相場のない株式を原則的評価方式により評価を行うか、配当還元方式により評価を行うかは株主区分により画一的に判定します(財評通188)。

少数株主(同族株主以外の株主等)が取得した株式については、その株式の発行会社の規模にかかわらず、原則的評価方式に代えて特例的な評価方式の配当還元方式で評価します。

従業員株主などの少数株主は、一般的に、持株割合が僅少で会社の事業経営に対する影響力が少なく、ただ単に配当を期待するにとどまるといった実質のほか、株式の価額を原則的評価方式により算定することは多大の労力を要することから、評価手続の簡便性をも考慮した取扱いとなります。

財産評価基本通達における株主区分

株主の態様による区分				評価方式
会社区分	株主区分			
同族株主のいる会社	同族株主*1	中心的な同族株主*2がいない場合		原則的評価方式
		中心的な同族株主がいる場合	中心的な同族株主	
			取得後持株5%以上	
			取得後持株5%未満（役員を除く）	配当還元方式
	同族株主以外の株主			
同族株主のいない会社	持株割合の合計が15%未満のグループに属する株主			
	持株割合の合計が15%以上のグループに属する株主	中心的な株主*3がいる場合	取得後持株5%未満（役員を除く）	
			取得後持株5%以上	原則的評価方式
		中心的な株主がいない場合		

*1　「同族株主」とは、株主1人及びその同族関係者の有する議決権の合計数が、議決権総数の30%以上（50%超のグループがある場合には50%超）である場合におけるその株主及びその同族関係者のことをいう（財評通188）。「同族関係者」とは、親族（6親等内の血族、配偶者、3親等内の姻族）、その他特殊関係のある個人及び法人をいう。

*2　「中心的な同族株主」とは、同族株主のいる会社の株主で同族株主の1人並びにその株主の配偶者、直系血族、兄弟姉妹、1親等の姻族で25%以上所有している株主のことをいう。

*3　「中心的な株主」とは、同族株主のいない会社の株主で株主の1人及びその同族関係者の有する議決権の合計数が、議決権総数の15%以上である株主グループのうち、いずれかのグループに単独でその会社の発行済株式数の10%以上の株式を有している株主がいる場合におけるその株主をいう。

　例えば、株主が持株割合51%である場合には原則的評価方式が適用され、他の株主が同族株主以外の株主である場合には、持株割合が49%であったとしても配当還元方式が適用されます。

株主の態様による区分			評価方式
会社区分	株主区分		
同族株主のいる会社	同族株主	中心的な同族株主がいない場合	原則的評価方式
		中心的な同族株主がいる場合　中心的な同族株主	
		取得後持株5% 以上	
		取得後持株5% 未満（役員を除く）	配当還元方式
	同族株主以外の株主		

　一方、持株割合6%であっても同族株主以外の株主であれば配当還元方式となるのに対し、同族株主グループに所属している株主については原則的評価方式が適用されます。

株主の態様による区分			評価方式
会社区分	株主区分		
同族株主のいる会社	同族株主	中心的な同族株主がいない場合	原則的評価方式
		中心的な同族株主がいる場合　中心的な同族株主	
		取得後持株5% 以上	
		取得後持株5% 未満（役員を除く）	配当還元方式
	同族株主以外の株主		

3　特定の評価会社の株式の評価

　次のような特定の評価会社の株式は、原則として、①～⑤については純資産価額方式により、⑥については清算分配見込額により評価することになっています。

　なお、①～④の会社の株式を取得した同族株主以外の株主等については、

特例的な評価方式である配当還元方式により評価することもできます。

① 類似業種比準方式で評価する場合の3つの比準要素である「配当金額」、「利益金額」及び「純資産価額(簿価)」のうち直前期末の比準要素のいずれか2つがゼロであり、かつ、直前々期末の比準要素のいずれか2つ以上がゼロである会社(比準要素数1の会社)の株式

② 株式等の保有割合(総資産価額中に占める株式や出資等の価額の合計額の割合)が一定の割合以上の会社(株式等保有特定会社)の株式

③ 土地等の保有割合(総資産価額中に占める土地などの価額の合計額の割合)が一定の割合以上の会社(土地保有特定会社)の株式

④ 課税時期(相続の場合は被相続人の死亡の日、贈与の場合は贈与により財産を取得した日)において開業後の経過年数が3年未満の会社や、類似業種比準方式で評価する場合の3つの比準要素である「配当金額」、「利益金額」及び「純資産価額(簿価)」の直前期末の比準要素がいずれもゼロである会社(開業後3年未満の会社等)の株式

⑤ 開業前又は休業中の会社の株式

⑥ 清算中の会社の株式

実務上のポイント

一般的に、それぞれの評価方式により算出される株価は、純資産価額＞類似業種比準価額＞配当還元価額となります。

原則的評価方式における評価は、純資産価額方式と類似業種比準方式の併用となりますが、土地保有特定会社や株式等保有特定会社といった資産保有会社にまで類似業種比準方式を使うことがないよう、特定の会社の評価方法が定められています。

128 第2章 相続財産の範囲と評価

_第12_節 その他の財産の評価

1 未支給給与の取扱い

1 死亡後に支給期が到来する給与

被相続人に係る給与等で、その死亡後に支給期の到来するものについては、本来の相続財産として、未支給給与の全額が相続税の課税対象となります（下図（イ）及び（ロ））（国税庁質疑応答事例「死亡後に支給期が到来する給与」参照）。

この場合、源泉徴収事務ではありますが、所得税は非課税となり、源泉徴収の対象とはなりませんので注意が必要です。

（イ）　死亡後に支給期が到来する場合①

```
        3/15 死亡    3/25 支給期・支払
          ▽            ▼
```

（ロ）　死亡後に支給期が到来する場合②

```
        3/15 死亡      3/25 支給期      4/10 支払
          ▽              ▼              ▼
```

2 死亡前に支給期が到来している給与

死亡時までに支給期の到来している給与等については、所得税では給与所得となり、源泉徴収が必要となります。

また、相続税では、源泉徴収税額控除後の手取り額が未収入金として、相続税の課税対象となります（下図（ニ））。

第12節　その他の財産の評価　129

（ハ）　死亡前に支給期が到来する場合

3/10 支給期	3/15 死亡	3/25 支払
▼	▽	▼

実務上のポイント

被相続人が会社員である場合、未支給給与の有無は必ず確認しましょう。

2　準確定申告の還付金

　確定申告を必要とする被相続人が亡くなると、相続人は準確定申告書を提出します。

　この準確定申告にかかる還付金は、被相続人の死亡後に相続人について発生するものですが、還付金請求権は（本来の）相続財産であり、相続税の課税の対象になるとされています。

　還付金請求権は、被相続人の死亡後に発生するとしても、被相続人の生存中に潜在的な請求権が被相続人に帰属しており、これが被相続人の死亡により顕在化したものだからです。

3　社会保険料の還付金

1　介護保険料還付金

　介護保険制度における介護保険料は、40歳以上の国民が支払うものです。

　介護保険では40歳以上の人が保険料を負担しますが、40歳〜64歳の人と65歳以上の人では、保険料の納め方が異なります。

　40歳から65歳未満については、加入している医療保険と合わせて徴収されま

130　第2章　相続財産の範囲と評価

す。会社等の健康保険に加入している人は健康保険料と同様に給料等から徴収されます。

65歳以上の人については、年金の受給額によって、年金から差し引かれて納付する場合（特別徴収。原則として、2か月ごとに支払われる年金から2か月分に相当する保険料が引き落としされます）と納付書等により納付する場合（普通徴収）の2通りに分かれます。

死亡した被保険者の保険料は、死亡日の前月までの月割計算となります。したがって、65歳以上の人が死亡した場合、死亡による介護保険料額の変更にともない、介護保険料が納めすぎとなった場合は市区町村より相続人に還付され、不足する場合は相続人が不足分を納付することとなります。

2 後期高齢者医療保険料還付金

平成20年4月から、75歳以上の者（又は65歳以上で一定障害のある人）を対象として、新たに後期高齢者医療制度が創設されました。

後期高齢者医療制度は、患者負担分（1割）を除き現役世代からの支援金（4割）及び公費（5割）のほか、高齢者から保険料を徴収するというものです。

保険料の納め方は、介護保険料と同様に、年金の受給額によって、年金からの引き落とし（特別徴収）と納付書等による納付（普通徴収）の2通りに分かれます。

原則として、2か月ごとに支払われる年金から2か月分に相当する保険料が引き落としされます。

死亡した被保険者の保険料は、死亡日の前月までの月割計算となります。したがって、75歳以上の人（又は65歳以上で一定障害のある人）が死亡した場合、死亡による保険料額の変更にともない、後期高齢者医療保険料が納めすぎとなった場合は市区町村より相続人に還付され、不足する場合は相続人が不足分を納付することとなります。

3 高額療養費

高額療養費制度とは、公的医療保険における制度のひとつで、医療機関や

第12節　その他の財産の評価　131

薬局の窓口で支払った額が、各月で一定額(自己負担限度額)を超えた場合に、その超えた金額を支給する制度です。自己負担限度額は、加入者の年齢や所得水準によって異なります。

払い戻しは、医療機関等から提出される診療報酬明細書の審査を経て行いますので、診療月から3か月以上かかります。

被相続人の生前の医療費に対する高額療養費で、相続開始後に支給されるものが相続財産に該当します。

4 建物更生共済契約 (建更) に係る課税関係

被相続人が、自宅や共同住宅等に建物更生共済契約を掛けているケースがあります。

この場合の評価方法については、以下の通りです(国税庁質疑応答事例「建物更生共済契約に係る課税関係」参照)。

【照会要旨】

甲は、乙所有の建物の共済を目的とする建物更生共済に加入し、掛金を負担していました。

甲又は乙について相続が開始した場合、建物更生共済契約に関する相続税の課税関係はどのようになりますか。

[契約関係]

共済契約者(掛金負担者)　：甲(長男)

被共済者　(建物所有者)　：乙(父)

満期共済金受取人　　　　：甲

【回答要旨】

共済契約者甲について相続が開始した場合には、建物更生共済契約の約款によれば、共済契約者の相続人に契約が承継されることとなっていることから、建物更生共済契約に関する権利が甲の本来の相続財産として相続税の課税対象となり、その評価額は、相続開始時における解約返戻金相当額となります。

132　第2章　相続財産の範囲と評価

また、乙について相続が開始した場合、当該共済契約に関して相続税の課税対象となるものはありません。

　なお、満期時に取得する満期共済金は、満期共済金受取人の一時所得の課税対象となります。

　契約者である被相続人に相続が開始した場合は、その相続人が相続又は遺贈により建物更生共済契約に関する権利を承継することから、契約者の本来の相続財産として相続税が課税され、その評価額は、相続開始時の解約返戻金相当額とするものとされています。

5 損害賠償請求権

　被相続人が交通事故等で死亡し、加害者から損害賠償金を受けたとき、被害者が死亡したことに対して支払われる損害賠償金は相続税の対象とはなりません。

　この損害賠償金は遺族の所得になりますが、所得税法上非課税規定がありますので、原則として税金はかかりません。

　なお、被相続人が損害賠償金を受け取ることが生存中決まっていたが、受け取らないうちに死亡してしまった場合には、その損害賠償金を受け取る権利すなわち債権が相続財産となり、相続税の対象となりますので留意が必要です。

6 未収賃料と前受賃料

　マンションやビルといった不動産賃貸の契約は、賃借人は賃貸人に対し、「毎月、翌月分を当月の末日までに支払う」とか「当月分を当月の○○日に支払う」といった取り決めがされているのが一般的です。

　そのような契約の場合、賃料の収受日と相続開始日によっては、未収賃料又は前受賃料が発生することがあります。

第12節　その他の財産の評価　133

1 翌月分を当月に収受する契約の場合

①未収家賃の資産計上

　死亡前に支払期日が到来しているものの、賃料が未収(長期滞納も含む)となっている場合です。

　例えば、アパートの賃貸を業務としている者が本年5月4日に死亡し、死亡前に支払期日が到来していた賃料の収受が5月10日となったケースです。

　5月分の家賃を4月末までに支払う契約であった場合、5月4日の相続開始日時点においては、5月分をもらう権利はあったことになります。ただし、家賃が未収となっていることから、未収家賃として5月分の家賃を課税価格に算入します。

②前受賃料の債務控除

【死亡前に賃料を収受し、死亡後に支払期日が到来する場合】

　例えば、アパートの賃貸を業務としている者が本年4月25日に死亡し、支払期日の到来していない賃料を生前(4月20日)に前受けしているケースです。

　5月分の家賃を4月末までに支払う契約であった場合、4月25日の相続開始日時点において5月分の支払期日は到来していないことになります。ただし、家賃を前受していることから、前受家賃として5月分の家賃を債務控除します。

【死亡後に支払期日が到来する場合】

　アパートの賃貸を業務としている者が本年4月24日に死亡し、死亡後に支払期日が到来するケースです。

　5月分の家賃を4月末までに支払う契約であった場合、死亡した日において翌月の家賃の支払期日が到来していないときには課税問題は生じません。

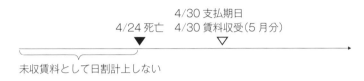

実務上のポイント

　契約上、賃料を1年分や半年分をまとめて払うなどという場合は未収や前受が発生する可能性が高く、金額も大きくなりますので、必ず確認を必要とします。

2　当月分を当月に収受する契約の場合

　賃貸借契約において、賃借人は賃貸人に対し、「毎月、当月分を当月の末日までに支払う」となっている場合です。

　例えば、アパートの賃貸を業務としている者が本年4月24日に死亡し、死亡後に支払期日が到来するケースを考えます。4月分の家賃は、4月30日に相続人が収受しましたが、その家賃のうち4月1日から24日までの期間に対応する既経過分の家賃については、既経過分の家賃相当額を相続税の課税価格に算入しなくて差し支えないものとされています（国税庁質疑応答事例「支払期日未到来の既経過家賃と相続財産」参照）。

例えば、被相続人（平成29年3月25日死亡）がマンションを賃貸している場合で、入居者との間で翌月分の家賃を当月末までに収受する契約をしている場合です。

　この場合、4月以降分を相続開始前に受け取っている場合は「前受家賃（債務）」となります。

　また、3月分以前のものを相続開始時点において未だ受け取っていない場合は「未収家賃（債権）」となります。

（単位：円）

賃借人	入金方法	月額（円）	平成29年				未収家賃	前受家賃
			2月分	3月分	4月分	5月分		
101	振込	90,000	1/28	2/26	3/28	4/26	0	0
102	振込	85,000	1/28	2/25	3/20	4/23	0	85,000
201	現金	87,000	1/10	1/10	1/10	1/10	0	261,000
					1月～6月分を1/10に収受			
202	振込	83,000	5/15	5/15	6/20	8/20	166,000	0
				1月分までは契約通り収受				
合　計							166,000	346,000

　101号室は、3月分家賃はすでに収受し、4月分はまだ権利が確定していないため、未収も前受もありません。3月1日～25日に対応する未収家賃を日割り計算する必要はありません。

　102号室は、生前にまだ権利の確定していない4月分を受け取っているため、前受金として債務控除します。

　201号室は、半年分（1月～6月分）をまとめて先払いを受けています。まだ権利が確定していない4月から6月の3か月分を前受家賃として債務控除します。

　202号室は、1月分までは契約通り収受していたのですが、2月分から滞納が続いています。相続開始日以降に受け取った2月から3月の2か月分を未収金として相続財産に計上します。

3 賃料(果実)の課税関係

　参考までに、所得税の確定申告に際して、相続開始日から遺産分割協議までの賃料の帰属及び課税関係を確認しておきます。

①相続開始日から協議成立までの所得の帰属

　相続財産について遺産分割が確定していない場合、その相続財産は各共同相続人の共有に属するものとされます。

　したがって、その相続財産から生ずる所得は、各共同相続人にその相続分に応じて帰属するものとなります。

　遺産分割協議が整わないため、共同相続人のうちの特定の人がその収益を管理しているような場合であっても、遺産分割が確定するまでは、共同相続人がその法定相続分に応じて申告することとなります。

②協議成立の効果は相続開始日まで遡及するか

　なお、遺産分割協議が整い、分割が確定した場合であっても、その効果は未分割期間中の所得の帰属に影響を及ぼすものではありませんので、分割の確定を理由とする所得税の更正の請求又は修正申告を行うことはできません。

第12節　その他の財産の評価　137

第**3**章

保険金・年金

第1節 保険金の課税関係

保険金の難しいところは、①保険料の負担者、保険金受取人、被保険者が誰であるかにより、相続税、贈与税、所得税と税目が違うことと、②保険の種類によって生命保険金であったり、定期金に関する権利であったり、退職手当金であったりと取扱いが異なるところです。

1 相続税が課税される場合

相続税が課税されるのは、次表の①のように、死亡した被保険者と保険料の負担者が同一人の場合です。

つまり、亡くなった被相続人が保険料を負担していた生命保険金の場合です。

受取人が相続人であるときは相続により取得したものとみなされ、受取人が相続人以外の者であるときは遺贈により取得したものとみなされます。

2 贈与税が課税される場合

贈与税が課税されるのは、次表の②のように、保険料の負担者、被保険者、保険金の受取人がすべて異なる場合です。

保険料の負担者から、保険金の受取人への贈与があったものとして取り扱います。

3 所得税が課税される場合

　生命保険金に対して所得税が課税されるのは、次表の③のように、保険料の負担者が自ら保険金を受け取った場合です。

生命保険金の課税関係

	契約者	保険料の負担者	被保険者	保険金受取人	税金の種類
①	夫	夫	夫	妻	相続税
②	妻	妻	夫	子	贈与税
③	妻	妻	夫	妻	所得税

実務上のポイント

　一般には、契約者、被保険者、受取人の形態が着目されますが、税務で重視されるのは保険料の負担者と受取人となります。

第2節 保険の種類と課税

1 生命保険金

　生命保険金とは、被保険者の死亡（死亡の直接の基因となった傷害を含む）を保険事故として支払われる生命保険契約又は損害保険契約の保険金をいいます（相法3①一）。

　例えば、保険料の負担者が夫（被相続人）で、被保険者が夫（被相続人）の場合です。

契約者	保険料の負担者	被保険者	保険金受取人
夫	夫	夫	妻

2 生命保険契約に関する権利

　生命保険契約に関する権利とは、相続開始時において、まだ保険事故が発生していない生命保険契約で、被相続人が保険料を負担しているものをいいます。

　契約者が被相続人であれば本来の相続財産、契約者が被相続人以外の者であればみなし相続財産（相法3①三）となります。

　例えば、保険料の負担者が夫（被相続人）で、被保険者が妻の場合です。

　夫に相続があった場合、被保険者は妻であることから、保険事故はまだ発生していません。

第2節　保険の種類と課税　143

下表①においては、保険契約者が夫であるため、この生命保険契約に関する権利は本来の相続財産となります。本来の相続財産であることから、夫の相続人の間で遺産分割協議を行い、誰がこの生命保険契約を相続するのかを決めなければなりません。

ただし、下表②のように契約者が妻である場合は、遺産分割協議は必要ありません。保険事故発生前において保険契約を解約して解約返戻金を受け取ることができるのは保険契約者である妻であり、また保険金受取人を変更することができるのも、保険契約者である妻であるためです。

	契約者	保険料の負担者	被保険者	保険金受取人	課税関係
①	夫	夫	妻	夫	本来の相続財産
②	妻	夫	妻	夫	みなし相続財産

3 定期金に関する権利

定期金に関する権利とは、定期金給付契約(生命保険契約を除く)により、ある期間にわたって金銭等の給付を受ける権利のことをいいます。

生命保険契約に関する権利と同様に、契約者が被相続人であれば本来の相続財産、契約者が被相続人以外の者であればみなし相続財産(相法3①四)となります。

例えば、保険料の負担者が夫(被相続人)で、受取人が夫(被相続人)の個人年金が該当します。

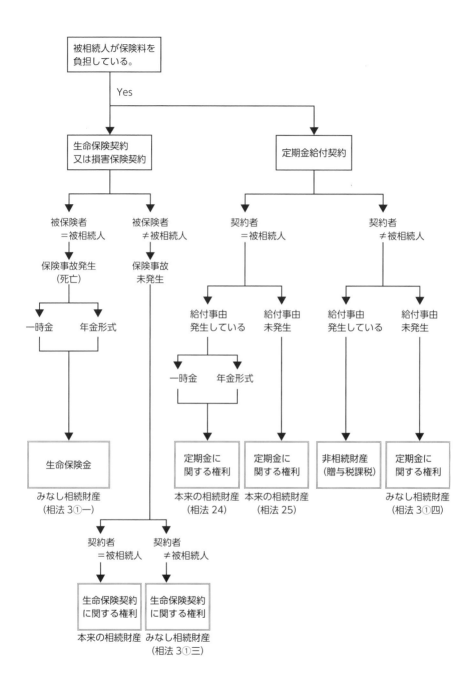

第2節　保険の種類と課税

第**3**節　生命保険金の評価

1　生命保険金に含まれるものと含まれないもの

1　生命保険金に含まれるもの

　生命保険金の受取方法には、一時金形式や年金形式があります。

　被相続人の死亡により受け取る生命保険金であれば、一時金により支払いを受けるもののほか、年金の方法により支払いを受けるものも生命保険金(相法3①一)に含まれます(相基通3-6)。

　年金の方法により支払いを受ける場合は、定期金に関する権利(相法24)に基づいて評価します(相基通24-2)。

2　生命保険金に含まれないもの

　被保険者の傷害、疾病その他これらに類するもので死亡を伴わないものを保険事故として支払われる保険金は、当該被保険者の死亡後に支払われたものであっても、生命保険金に含まれません(相基通3-7)。

　これらの保険金が、当該被保険者の死亡後に支払われた場合には、当該被保険者たる被相続人の本来の相続財産となります。

2 生命保険金の評価

1 課税対象生命保険金の金額

　被相続人の死亡によって取得した生命保険金や損害保険金で、その保険料を被相続人が負担していたものは、相続税の課税対象となります。

　この生命保険金の受取人が相続人である場合、すべての相続人が受け取った保険金の合計額が非課税限度額を超えるとき、その超える部分が相続税の課税対象になります。

　相続人1人1人に課税される金額は、次の算式によって計算した金額となります。

（算式）

$$\left(\begin{array}{l}\text{その相続人が}\\\text{受け取った生命}\\\text{保険金の金額}\end{array}-\text{（非課税限度額）}\right) \times \dfrac{\begin{array}{l}\text{その相続人が受け取った}\\\text{生命保険金の金額}\end{array}}{\begin{array}{l}\text{すべての相続人が受け取った}\\\text{生命保険金の合計額}\end{array}} = \begin{array}{l}\text{その相続人}\\\text{の課税され}\\\text{る生命保険}\\\text{金の金額}\end{array}$$

2 非課税限度額の計算

　非課税限度額の計算は、以下の算式によります。

（算式）

　　非課税限度額 ＝ 500万円 × 法定相続人の数

　なお、相続人以外の人が取得した生命保険金には非課税の適用はありません。

　例えば、相続放棄をした者は、相続人にあたらないため、生命保険金を受け取ったとしても非課税の適用はありません。

演習問題　問13 ──────────────────────────── 生命保険金の評価

　相続人はA、B、Cでしたが、Cは相続放棄をしています。

　被相続人の死亡によって生命保険金を次の通り受け取った場合の、課税対象生命保険金額はいくらになるでしょうか。

〈受取人〉	〈金額〉
A（配偶者）	2,000万円
B（長男）	1,000万円
C（長女）相続放棄	500万円
合　計	3,500万円

解答

①非課税限度額の計算

500万円×3人（法定相続人の数）＝1,500万円

（注）Cは相続を放棄していますが、法定相続人の数には算入します。

②各人の非課税金額の計算

A　$1{,}500万円 \times \dfrac{2{,}000万円}{2{,}000万円+1{,}000万円} = 1{,}000万円$

B　$1{,}500万円 \times \dfrac{1{,}000万円}{2{,}000万円+1{,}000万円} = 500万円$

C　相続を放棄していますから、非課税金額はありません。

③各人の課税価格に算入される生命保険金の額

　　　〈生命保険金額〉〈非課税金額〉

A　2,000万円 － 1,000万円 ＝ 1,000万円

B　1,000万円 －　 500万円 ＝　 500万円

C　　 500万円 －　　 0万円 ＝　 500万円

実務上のポイント

相続人が3人である場合で1人が単独で保険金を受け取ったとしても、非課税限度額は3人分となります。

なお、法定相続人の数は、相続の放棄をした人がいても、その放棄がなかったものとした場合の相続人の数をいいます。

③ 個人年金の一括払いには非課税の適用はない

非課税の適用は、被相続人の死亡によって取得した生命保険金や損害保険金（相法3①一）に対するものとなります。個人年金の一括払いを選択した場合、これに非課税の適用はありません。

演習問題 **問14** ──────────────── 個人年金の一括払いの取扱い

被相続人・甲野 太郎は個人年金に加入していました。

契約者、年金受取人、被保険者は被相続人です。

年金支払期間は5年、相続開始時点においてはすでに支払給付事由が発生しています。

被相続人が死亡した時点で、残額を年金で受け取るか、一括払いで受け取るか選択することができたため、今回は一括払いを選択しました。

生命保険金の非課税（相法12①五）の適用はできるでしょうか。

第3節　生命保険金の評価　149

年金の一括支払い手続き完了のご通知

平成〇年〇月〇日
アジア生命保険株式会社

■ご契約内容

年金証書番号	年金種類・期間
×××××××××	確定年金・年金支払期間5年
年金受取人名	
甲野　太郎様	

■今回のお手続き内容：　年金の一括支払

お受取人	備考
甲野　花子様	年金受取人（甲野　太郎様）ご死亡につき
発生年月日	相続人代表者様宛のお支払となります。
平成〇年〇月〇日	当お手続きにより、ご契約は消滅します。
送金日	
平成〇年〇月〇日	

お支払明細	
年金一括支払（第3回目以降一括）	3,216,412 円
お支払合計	3,216,412 円

解答

　これは生命保険金ではなく、定期金に関する権利となりますので、一括受取321万6,412円を選択したとしても、非課税額の適用はありません。

実務上のポイント

- 非課税枠を使えるのは、相続税法3条1項1号に掲げる保険金となりますので、これに当たらない場合は非課税の適用がありません。
- 相続人以外や相続放棄をした者が取得した生命保険金には、非課税の適用はありません。

4 生命保険金の額

①保険金とともに支払いを受ける剰余金等

　保険金の額には、保険契約に基づき分配を受ける剰余金、割戻しを受ける割戻金及び払戻しを受ける前納保険料の額で、当該保険契約に基づき保険金とともに当該保険契約に係る保険金受取人が取得するものを含みます(相基通3-8)。

②未経過保険料の取扱い

　平成22年保険法の改正により、一時払いや年払いのように保険料をまとめて支払う契約において、途中で解約となった場合には、残りの期間分の保険料(未経過保険料)が返還される仕組みになりました。

　未経過保険料については、相続開始の日に解約があったとした場合に支払われる金額であるので、その価額は「当該財産の取得のときにおける時価」により評価するのが相当とされています(平成14年9月5日裁決〔TAINS・F0-3-094〕)。

③契約者貸付金等がある場合

　保険金が支払われる場合において、契約者に対する貸付金や保険料の振替貸付けに係る貸付金、未払込保険料の額(以下これらの合計金額を「契約者貸付金等の額」という)があるため、保険金の額から当該契約者貸付金等の額が控除される場合があります。

　この場合、被相続人が保険契約者である場合は、保険金受取人は、当該契約者貸付金等の額を控除した金額に相当する保険金を取得したものとし、当該控除に係る契約者貸付金等の額に相当する保険金及び当該控除に係る契約者貸付金等の額に相当する債務はいずれもなかったものとします(相基通3-9)。

④具体例

　以下の保険契約では、死亡保険金500万円を受け取る際に、未払配当金が1万2,441円及び未経過保険料が1万3,800円ありました。

　この場合、生命保険金の額は、502万6,241円となります。

第3節　生命保険金の評価　151

支 払 金 額		5,026,241 円

(支払金内訳)		(控除金内訳)	
死亡保険金	5,000,000		
		契約者貸付金	0
契貸未経過利息	0	契約者貸付利息	0
		振替貸付金	0
振貸未経過利息	0	振替貸付利息	0
未払配当金	12,441	過払配当金	0
未払分配金	0	過払分配金	0
未経過保険料	13,800	払込保険料	0
過収保険料	0	不足保険料	0
前納保険料	0	国税	0
		地方税	0
		残債務額	0
支払利息	0	印紙代	0
支払合計	5,026,241	控除合計	0

　また、以下の保険契約においては、死亡保険金75万円を受け取る際に、未払いとなっている保険料(保険会社からみれば未収保険料)が2,590円ありました。この場合は、未収保険料を控除した74万7,410円が生命保険金の額となります。

お支払のご案内

1. 契約内容

証 券 番 号	AZ9999	保険種類	新がん保険
被保険者名	甲野 太郎　様	契約者名	甲野 太郎様

2. 支払内容

内　容	金　額	基準額	日数	お支払いの対象日(期間)
死亡保険金 未収保険料	750,000 −2,590	750,000		平成○年○月○日
支払合計	747,410 円			

実務上のポイント

ちなみに、所得税の対象となる場合の一時所得の計算は以下のとおりです。

（保険金 ＋ 配当金 ＋ 前納保険料 － 支払保険料 － 50万円）× 1/2

= 課税対象額

5 指定受取人が死亡している場合

保険金の指定受取人の死亡後、受取人の変更をしない間に保険事故が発生した場合、その相続人の全員が保険金受取人となります（保険法46）。

また、各保険金受取人の権利の割合は、原則として平等（民427）となりますが、法定相続分（最高裁平成6年7月18日判決〔TAINS・Z999-5304〕）とする見解もあるため、約款で確認する必要があります。

第4節 生命保険契約に関する権利の評価

1 生命保険契約に関する権利の評価

　生命保険契約に関する権利の価額は、相続開始の時においてその契約を解約するとした場合に支払われることとなる解約返戻金の額によって評価します（財評通214）。

　なお、解約返戻金のほかに支払われることとなる前納保険料の金額、剰余金の分配額等がある場合には、これらの金額を加算し、解約返戻金の額につき源泉徴収されるべき所得税の額に相当する金額がある場合には、その金額を差し引いた金額により評価することとなります。

実務上のポイント

　解約返戻金相当額は、契約先である生命保険会社などに照会し、確認する必要があります。

2 建物更生共済契約に関する権利の評価はしない

　なお、損害保険としての建物更生共済契約に関しては、生命保険契約に関する権利と取扱いが異なるため確認しておきます。

　例えば、父が掛金を負担している建物更生共済契約について、契約形態に応じた課税関係は、次の通りとなります。

154　第3章　保険金・年金

（掛金はすべて父が負担）

	契約者	被共済者 （建物所有者）	満期共済金 受取人	課税関係		
				父死亡時	子死亡時	満期時
①	父	父	父	父の本来財産	－	父の一時所得
②	父	子	子	父の本来財産	－	子の一時所得
③	子	子	子	－	子の本来財産	子の一時所得

　①及び②のケースにおいては、契約者及び共済掛金の負担者が父であることから、父の死亡時には本来の財産となります。

　一方、③のケースにおいて、共済掛金を負担している父が死亡しても、相続税法上、契約者が建物更生共済契約に関する権利を相続により取得したものとみなす旨の規定がないことから、相続税の課税対象となる部分はありません。

　そして、一般的には、父が共済掛金を支払った都度、子に共済掛金の贈与があったと見るのが相当となりますから、その時点においては、贈与税の課税問題が生じることとなります[14]。

3　保険金受取人が死亡した場合の課税関係

　生命保険契約に関する権利が認識されるのは、保険料負担者である被相続人が死亡した場合です。

　したがって、保険金受取人が死亡した時において、その保険金受取人が保険契約者でなく、かつ、保険料の負担者でないものについては、保険金受取人の死亡した時においては課税関係は生じません（相基通3-34）。

14　大阪国税局「資産税関係　質疑応答事例集」（平成23年）

第5_節 定期金に関する権利（年金受給権）

年金には国民年金や厚生年金といった公的年金のほか、企業年金、個人年金など様々な種類があります。

1 相続税のかからない年金受給権

1 厚生年金や国民年金などの遺族年金

厚生年金や国民年金などの被保険者であった人が亡くなったときは、遺族に対して遺族年金が支給されます。

また、恩給を受けていた人が亡くなった場合には、遺族に対して恩給が支給されます。

このような国民年金法、厚生年金保険法、恩給法、旧船員保険法、国家公務員共済組合法、地方公務員等共済組合法、私立学校教職員共済法、旧農林漁業団体職員共済組合法に基づいて遺族に支給される年金や恩給は、所得税も相続税も課税されません。

2 厚生年金基金の遺族給付金

厚生年金基金は、公的年金制度である厚生年金保険の一部を代行しているものです。

被保険者の死亡を給付事由とする加算部分の遺族給付金は、厚生年金保険法に基づき、相続税・所得税ともに非課税となります。

156 第3章 保険金・年金

<table>
<tr><td colspan="2" align="right">一時金給付のお知らせ</td></tr>
<tr><td></td><td>○○厚生年金基金</td></tr>
</table>

一時金給付のお知らせ

○○厚生年金基金

厚生年金基金規約　に基づき一時金として下記金額をお支払いいたしましたのでご通知申しあげます。

支払日　　　　　　平成○○年○○月○○日

あずさ信託銀行　年金管理部

甲野　花子　　　　様

ご照会番号		×××
ご送金方法	銀行名	東日本銀行
	支店名	東京支店
	預金種目 口座番号	普通 ××××××
	口座 名義人	甲野 花子
ご送金額		1,013,000 円

一時金給付額（円）	徴収税額　　　（円）	差引支払額　　　（円）
1,013,000	0	1,013,000

　なお、（公的年金とは別の）企業年金基金[15]による遺族給付金は課税の対象です。

一時金給付のお知らせ

○○企業年金基金

企業年金基金規約　に基づき一時金として下記金額をお支払いいたしましたのでご通知申しあげます。

支払日　　　　　　平成○○年○○月○○日

あずさ信託銀行　年金信託部

甲野　花子　　　　様

ご照会番号		×××
ご送金方法	銀行名	東日本銀行
	支店名	東京支店
	預金種目 口座番号	普通 ××××××
	口座 名義人	甲野 花子
ご送金額		5,512,900 円

一時金給付額（円）	徴収税額　　　（円）	差引支払額　　　（円）
5,512,900	0	5,512,900

15　企業年金基金は、事業主が掛金を負担し、従業員が年金を受け取るものです。企業年金基金から支払われる給付は、老齢年金だけでなく、死亡時には遺族一時金が支払われます。

退職金や功労金はその勤務先から受けるのが通常ですが、なかには勤務先と生命保険会社や信託会社などとの間で退職金の支給に関する契約を結んで従業員の退職金が生命保険会社、信託会社などを通じて支払われる場合があります（171頁▌5及び181頁▌5参照）。

これらの年金又は一時金は、直接勤務先から受けるものではありませんが、相続税法上、退職金、功労金としての課税財産とされます。

３ 国民年金基金からの遺族一時金

国民年金法に基づき設立された国民年金基金に加入している者が死亡した場合には、死亡一時金（国民年金法52の2②）がその遺族に支払われるほか、国民年金基金から遺族一時金（国民年金法129③）が支払われることがあります。

死亡一時金については、国民年金法25条《公課の禁止》の規定により、相続税の課税対象とされないところですが、国民年金基金から支給される上記一時金についても、同法25条の規定を準用することとしています（同法133）。

したがって、加入者の死亡により、その遺族に対して国民年金基金から支払われた一時金（遺族一時金）については、相続税の課税対象財産とはなりません。

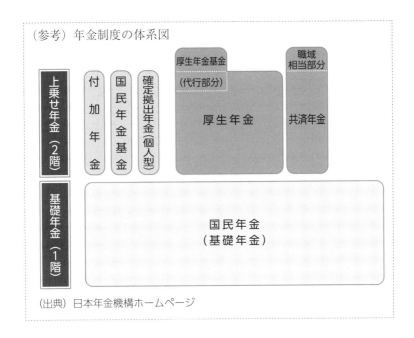

(出典) 日本年金機構ホームページ

4 未支給の国民年金に係る相続税の取扱い

　国民年金(老齢基礎年金)の給付の受給権者が死亡した場合に、その死亡した者に支給すべき年金給付でまだその者に支給されていない年金があるときには、その者の配偶者(内縁の配偶者を含む)、子、父母、孫、祖父母、兄弟姉妹又はこれらの者以外の三親等内の親族であって、その者の死亡の当時その者と生計を同じくしていたものが、「自己の名」で、その未支給の年金の支給を請求することができることとされています(国民年金法19①)。

　したがって、遺族が、未支給年金を自己の固有の権利として請求するものであるため、死亡した受給権者に係る相続税の課税対象にはなりません。

　なお、遺族が支給を受けた未支給年金は、当該遺族の一時所得に該当します(所基通34-2)。

2 相続税の課税対象になる年金受給権

　国民年金や厚生年金などを総称して公的年金というのに対し、個人が生命保険会社や信託銀行などと任意で契約する年金を個人年金(私的年金)といいます。

　個人年金の被保険者が死亡し、遺族が残りの期間についての年金受給権を取得した場合、被相続人が保険料の負担者であった場合には、相続により取得したものとみなされて相続税の課税対象となります。

(参考) 年金の種類
　年金には、年金が支払われる期間によって様々な種類があります。

①終身年金
　終身年金は、生存している限りずっと年金を受け取ることができますが、被保険者が死亡した時点で年金の支払いが終わります。
　保険料は比較的高くなります。

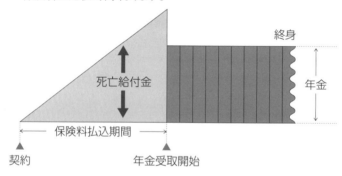

　なお被保険者が死亡しても、一定の保証期間中に死亡した場合は、残りの保証期間分の年金又は一時金が遺族に支払われる保証期間付終身年金のタイプもあります。

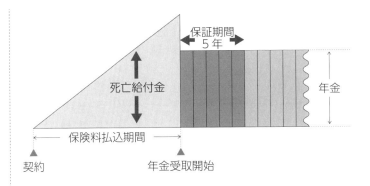

② 確定年金

確定年金は、決められた一定期間、被保険者の生死に関係なく年金が受け取れるタイプです。年金受取期間中に死亡した場合は、残りの期間分の年金又は一時金が遺族に支払われます。

（例）10年確定年金

③ 有期年金

有期年金は、年金を受け取る期間が、10年、20年などと決まっているタイプです。被保険者が年金受取期間中に死亡した場合は、年金の支払いが終わりますので、保険料は比較的安くなります。

（例）10年有期年金

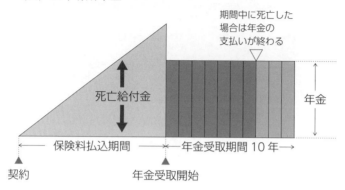

なお、被保険者が死亡しても、保証期間中に死亡した場合は、残りの保証期間分の年金又は一時金が遺族に支払われる保証期間付有期年金のタイプもあります。

（例）5年保証期間付10年有期年金

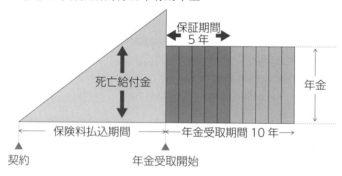

④変額個人年金

変額個人年金とは、運用実績に基づいて保険金や年金額、解約返戻金が増減する保険をいいます。一時払で払い込みをした保険料は、株式や債券等を投資対象とする特別勘定で運用され、運用成果によって、将来受け取る年金額、解約返戻金額、死亡給付金額が増減します。

ただし、死亡給付金額については、最低でも基本保険金額（一時払保険料）以上が保証されます。

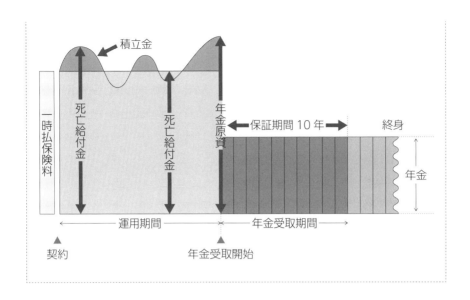

3 年金受給権の評価

年金受給権の評価は、その権利を取得した時において、定期金給付事由が発生しているもの(相法24)と、定期金給付事由が発生していないもの(相法25)について、それぞれ評価方法が定められています。

1 定期金給付事由が発生しているケース

定期金給付契約でその契約に関する権利を取得した時において定期金給付事由が発生しているものに関する権利の価額は、有期定期金、無期定期金、終身定期金の区分に応じて、それぞれ次のように評価します。

【評価方法】

A　有期定期金[1]：次の①～③のいずれか多い金額
　　① 　解約返戻金の金額
　　② 　定期金に代えて一時金の給付を受けることができる場合には当該一時金の金額
　　③ 　$\left[\begin{array}{l}\text{給付を受けるべき金額}\\\text{の1年当たりの平均額}\end{array}\right] \times \left[\begin{array}{l}\text{残存期間に応ずる予定利率}[2]\\\text{による複利年金現価率}\end{array}\right]$

B　無期定期金[3]：次の①～③のいずれか多い金額
　　①、②は有期定期金(A)と同じ
　　③ 　給付を受けるべき金額の1年当たりの平均額 ÷ 予定利率

C　終身定期金[4]：次の①～③のいずれか多い金額
　　①、②は有期定期金(A)と同じ
　　③ 　$\left[\begin{array}{l}\text{給付を受けるべき金額}\\\text{の1年当たりの平均額}\end{array}\right] \times \left[\begin{array}{l}\text{終身定期金に係る定期金給付契約}\\\text{の目的とされた者の平均余命に応ず}\\\text{る予定利率による複利年金現価率}\end{array}\right]$

[1]　有期定期金とは、一定期間定期的に金銭等の給付を受ける権利をいいます。

[2]　予定利率とは、生命保険会社が契約時に設定する保険金の運用利回りの率をいいます。生命保険契約については、予定利率を基に年金額や保険金額、払戻金額が算出されています。

[3]　無期定期金とは、定期金の給付事由発生後の給付期間が無期限のもので、将来無期限に定期的に金銭等の給付を受ける権利をいいます。

[4]　終身定期金とは、その目的とされた者が死亡するまでの間定期的に金銭等の給付を受ける権利をいいます。

演習問題　問15 .... 年金受給権の評価①

　被相続人・甲野太郎（平成28（2016）年2月1日相続開始）が契約者となっている以下の個人年金があります。

　基本年金額62万3,900円が5年間にわたって受け取れる確定年金です。

　年金の支払開始は平成27（2015）年9月2日であり、既に1年分受け取っています（支払事由が発生している確定年金です）。なお、予定利率は1.2%です。

支払通知書

〒1××－××××
東京都○○区○○

甲野　花子　様

アジア生命保険株式会社
〒1××－××××
東京都○○区○○
TEL.　×××－××××

年金お支払明細書・お手続き結果のお知らせ

ご請求いただきましたお手続きが完了いたしましたのでお確かめください。
今後とも引き続きご愛顧賜りますようお願い申し上げます。

お手続内容	年金受取人の変更・年金の一時支払
お支払日	平成28年4月6日
お支払金額	2,471,087円
計算基準日	平成28年2月1日

証書（証券）番号　××××××××	年金支払開始日　平成27年9月2日
年金受取人名　甲野　太郎　様	被保険者名　　甲野　太郎　様

摘　　　要	お支払金額明細	税　務　内　容	
年金一時金 支払利息…必要書類の受付日翌日 から5営業日を超えた7日分	2,468,247 2,840	課税形態　相続税	
		課税対象額	2,468,247　円
お支払金額	＊＊＊＊＊2,471,087円		

第5節　定期金に関する権利（年金受給権）　165

保険証券

保険契約者	甲野 太郎 様	保険料内訳	
		一時払保険料	3,000,000円
被保険者	甲野 太郎 様 昭和○年○月○日生　男性　契約年齢○歳（満年齢方式）		
受取人等	年金受取人 　保険契約者　様 死亡保険金受取人 　甲野 花子様 指定代理請求人 　甲野 花子様	契約日（始期） 平成25年4月1日	主契約保険料払込期間 ＊	保険料払込回数 一時払
			保険料払込期日 ＊	保険料払込方法 ＊

■主契約・特約権■

	主契約・特約名	保険金額・年金額・給付金額	保険期間
1	主契約（5年確定年金）	基本年金額　　　　　623,900円	2015年9月2日 年金支払開始

■その他特約・その他契約内容欄■

○配当金支払方法　　積立
○主契約の保険料計算利率（予定利率）は年1.20%です。

解答

5年確定年金であり、有期定期金に該当します。

この場合、①解約返戻金の額、②一時金の金額、③（給付を受けるべき金額の1年当たりの平均額）×（残存期間に応ずる予定利率による複利年金原価率）のいずれか多い金額によって評価します。

なお、国税庁ホームページの「定期金に関する権利の自動計算」ツールを利用して評価することができます。

ここでは、相続財産としての評価額は、下記の通り246万8,247円となります。

定期金給付事由が発生しているもの

○ 定期金給付事由が発生しているものについて、下の1から4のボタンの中から該当するものをクリックして、画面の案内に従って、入力を開始してください。

1 有期定期金　2 無期定期金　3 終身定期金　4 その他

定期金給付事由が発生していないもの

○ 定期金給付事由が発生していないもののうち、契約に解約返戻金を支払う旨の定めがない場合は、下の1、2のボタンの中から該当するものをクリックして、画面の案内に従って、入力を開始してください。

(注) 定期金給付事由が発生していないもののうち、契約に解約返戻金を支払う旨の定めがある場合は、「解約返戻金の金額」が評価額になりますので、この自動計算システムを用いて計算する必要はありません。

1 掛金又は保険料が一時に払い込まれた場合
2 上記1以外の場合

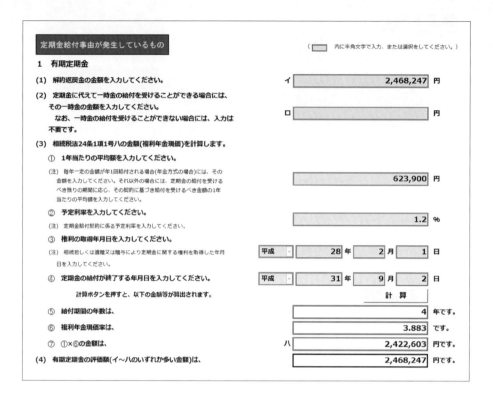

2 定期金給付事由が発生していないケース

　定期金給付契約で当該契約に関する権利を取得した時において、定期金給付事由が発生していないものに関する権利の価額は、解約返戻金を支払う定めがあるものと支払う定めのないものとで、それぞれ次のように評価します。

【評価方法】

1 解約返戻金を支払う旨の定めのあるもの：解約返戻金の金額

2 解約返戻金を支払う旨の定めのないもの

　① 掛金（保険料）が一時払いの場合

$$\left[\begin{array}{l}\text{経過期間につき、掛金（保険料）の払込金額に対し、}\\\text{予定利率の複利による計算をして得た元利合計額}\end{array}\right] \times 0.9$$

　② 掛金（保険料）が一時払い以外の場合

$$\left[\begin{array}{l}\text{経過期間に払い込まれた}\\\text{掛金（保険料）の金額の}\\\text{1年当たりの平均額}\end{array}\right] \times \left[\begin{array}{l}\text{経過期間に応ずる}\\\text{予定利率による}\\\text{複利年金現価率}\end{array}\right] \times 0.9$$

演習問題 　**問16** ⸺⸺⸺⸺⸺⸺⸺⸺⸺⸺⸺ 年金受給権の評価②

　被相続人（平成29（2017）年3月1日相続開始）が契約者となっている以下の個人年金があります。

　基本年金額20万7,700円が5年間にわたって受け取れる確定年金です。

　年金の支払い開始は平成30（2018）年4月1日であり、まだ支払事由が発生していません。

課　税　証　明　書

支　払　情　報

記号	証券番号 ×××××	年金受取人 甲野　太郎			様
契約者 甲野　太郎		様	被保険者 甲野　太郎		様
支払事由発生日 平成○年○月○日	支払年金額 207,700円	剰余金または割戻金 0円	未払金額 0円		
支払日 平成○年○月○日	年金支払金合計(A) 207,700円	必要経費(B) 153,698円	差引金額(A−B) 54,002円	源泉徴収税額 0円	

現 在 の 受 取 人 に 関 す る 年 金 情 報

年金の支払開始日 平成30年4月1日	年金の残存期間 5年	年金支払開始時の年齢 歳	年金の支払期間 年	年金の保証期間 年
年金支払総額または支払総額見込額 1,038,500円	支払総額のうち保険料の占める割合 74%	解約返戻金の額 1,010,460円		

上記のとおり証明します。　　　　　　　　　　　　　　　　　　　あおい生命保険株式会社
平成○年○月○日

解答

定期金給付事由が発生していないものに関する権利の価額は、①解約返戻金を支払う定めのあるものは解約返戻金の額により、②解約返戻金を支払う定めのないものは掛金が一時払いか、そうでないかにより評価が異なります。

今回は、解約返戻金が支払われるものであるため、当該解約返戻金相当額である101万460円により評価します。

4 生命保険金か定期金に関する権利か

個人年金の場合、被保険者が保険料払込期間中に死亡した場合には、死亡給付金として、払込保険料相当額が支払われます。このような年金受取開始日前に死亡した場合の死亡保障(死亡給付金)は生命保険金として取り扱います。

演習問題 問17 ──────────── 生命保険金か定期金に関する権利かの判断

被相続人・甲野太郎は変額個人年金に加入していました。

運用期間中に死亡した場合は死亡給付金が受け取れ、年金の受取開始日以降は年金で受け取れるというものです。

被相続人は、年金受取期間前に亡くなり、死亡給付金が1,252万2,934円支払われました。

この給付金は生命保険金に該当しますか、定期金に関する権利に該当しますか。

170 第3章 保険金・年金

			作成日　平成30年5月15日
	お支払明細		東京生命保険株式会社

お手続事由	死亡	お手続日	平成○年○月○日
証券番号	××××××	契約日	平成○年○月○日
保険種類	年金原資保証型変額個人年金保険		
契約者	甲野　太郎　　　　　　　様	被保険者	甲野　太郎　　　　　　様

お支払内訳(単位:円)	
お支払金	12,522,934
差引お支払額	12,522,934

【送金先口座】
(金融機関名)　東日本銀行
(店舗名)　　　東京支店
　口座種類　普通・総合
　　　　　　　甲野　花子様　ご口座

【計算基準日】
　死亡日　　　平成30年3月1日
【死亡給付金額】
　12,522,934円

解答

　年金受取開始日前に死亡した場合に支払われた死亡給付金は、生命保険金として取り扱います。

5　退職金の支給として取り扱う場合

　被相続人に退職手当金(本章第7節参照)がある場合、退職手当金には、退職金、功労金のほか、確定給付企業年金規約、企業型年金規約、個人型年金規約、適格退職年金契約、共済契約に基づく年金や一時金が含まれます。

　在職中に死亡し、死亡退職となったため、会社の規約等に基づき、会社が運営を委託していた機関(信託銀行等)から遺族へ退職金として年金が支払われることがあります。この年金は死亡した者の退職手当金等として相続税の対象となります。

第5節　定期金に関する権利(年金受給権)　171

あずさ信託銀行株式会社
年金信託部

下記一時金のご送金を致しますのでお知らせ致します。

記

店番　123　　委託者番号　456　　　　　　　加入者番号　AA0001

委託者名　　株式会社井上商事

支払方法　　銀行口座振込

支払金融機関　東日本銀行　　　　　　　　　東京支店

　　　　　　普通預金　0012345

支払日　　　平成○年○月○日

イ 一時金額	ロ 本人拠出額	イ-ロ 課税対象額	ハ 徴収金額	イ-ハ お手取額
612200	0	612200	0	612200

＊＊ この一時金は、ご遺族の方への給付となりますので、課税されておりません。＊＊
＊＊ 詳しいことは、最寄の税務署にお問い合わせ下さい。　　　　　　　　　　＊＊
　　　　　　　　　　　　　　　　　　　　　　　　　　　　　　　　　　　以上

実務上のポイント

　実務上頻度の高い、定期金給付事由が発生しているものに関する権利の評価は、

①　解約返戻金の額

②　定期金に代えて一時金の給付を受けることができる場合の当該一時金の額

③　予定利率を基に複利年金原価率等で計算した金額

のうちいずれか多い金額となります。

第6節 入院給付金の取扱い

1 入院給付金の取扱い

入院給付金の受取人が被相続人であり、かつ、入院給付金が被相続人の死亡後に支払われた場合です。

当該入院給付金を相続人等が受け取っている場合には、入院給付金に係る請求権を被相続人から相続又は遺贈により承継的に取得したことになるため、本来の相続財産（未収金）として相続税の課税対象とします（相基通3-7）。

なお、入院給付金が本来の相続財産として相続税の課税対象となる場合には、当該入院給付金に対して生命保険金の非課税の適用はありません。

2 受取人が相続人である場合

ただし、相続税の対象となるのは、当該保険契約上、入院給付金の受取人が被保険者（被相続人）である場合です。

受取人が被保険者の配偶者もしくは直系血族等である場合においては相続税の課税対象とはなりません（下表）。

入院給付金の課税関係

被保険者	契約者	受取人	課税関係
被相続人	被相続人	被相続人	相続税
被相続人	被相続人	配偶者など	非課税

被保険者及び保険料負担者が被相続人であり、入院給付金の受取人が「配偶者若しくは直系血族又は生計を一にするその他の親族」の場合には、非課税所得として所得税の課税関係も生じません（所令30、所基通9-20、9-21）。

第6節　入院給付金の取扱い　175

第7節 退職手当金

1 相続財産とみなされる退職手当金等

　被相続人の死亡により取得する退職手当金は、私法上は相続や遺贈によって取得する財産（相続財産）ではありませんが、相続税法上、経済的には相続財産を取得するのと変わりがないと考えられています。

　そこで、被相続人に支給されるべきであった退職手当金、功労金など（以下、「退職手当金等」といいます）で被相続人の死亡後に支給が確定したものは、その取得者が相続人である場合は相続により、その者が相続人以外の者である場合は遺贈により取得したものとみなし、相続税を課税することとされています（相法3①二）。

2 退職手当金等に含まれるものと含まれないもの

1 退職手当金等に含まれるもの

退職手当金等には、次に掲げる給付金が含まれます。

① 確定給付企業年金法に規定する確定給付企業年金に係る規約に基づいて支給を受ける年金又は一時金

② 確定拠出年金法に規定する企業型年金規約又は個人型年金規約に基づいて支給を受ける一時金

③ 適格退職年金契約その他退職給付金に関する信託又は生命保険の契約に基づいて支給を受ける年金又は一時金

④ 勤労者退職金共済機構もしくは特定退職金共済団体が行う退職金共済

176　第3章　保険金・年金

に関する制度に係る契約又はこれに類する契約に基づいて支給を受ける年金又は一時金

⑤　中小企業基盤整備機構の締結した共済契約に基づいて支給を受ける一時金

⑥　雇用主が就業規則に基づいて支給する退職年金等

2　退職手当金等に含まれないもの

弔慰金や遺族補償費などで特定の法律の定めにより支給されるものには、相続税は課されません。

例えば、次に掲げる法律等の規定によって遺族が受ける弔慰金等は、退職手当金等には該当しないこととされています（相基通3-23）。

①　労働者災害補償保険法に規定する遺族補償給付（遺族給付）及び葬祭料（葬祭給付）

②　国家公務員災害補償法に規定する遺族補償及び葬祭補償

③　労働基準法に規定する遺族補償及び葬祭料

④　国家公務員共済組合法に規定する埋葬料及び弔慰金

⑤　地方公務員等共済組合法に規定する埋葬料及び弔慰金

⑥　私立学校教職員共済法において準用する国家公務員共済組合法に規定する埋葬料及び弔慰金

⑦　健康保険法に規定する埋葬料

⑧　船員保険法に規定する葬祭料

⑨　船員法に規定する遺族手当及び葬祭料

⑩　国会議員の歳費、旅費及び手当等に関する法律に規定する弔慰金及び特別弔慰金

⑪　地方公務員災害補償法に規定する遺族補償及び葬祭補償

⑫　消防組織法の規定に基づき支給される消防団員の公務災害補償

⑬　従業員（役員を除く）の業務上の死亡に伴い、雇用主から当該従業員の遺

第7節　退職手当金　177

族に支給された退職手当金等のほかに、労働協約、就業規則等に基づき
支給される災害補償金、遺族見舞金、その他の弔慰金等の遺族給付金
（当該従業員に支給されるべきであった退職手当金等に代えて支給される部分を除く）で、
①から⑫までに掲げる弔慰金等に準ずるもの

　これらの給付のうち①〜⑧までに掲げる給付については、それぞれに掲げる法
律により租税公課は課さないこととされており、その他のものについても、同じよう
な性質を有するものであることから課税しないことに取り扱われています。
　また、労働災害における労働者の保護の面においては、従業員の業務上死
亡に伴い従業員の相続人等に対して労働協約、就業規則等により支給される災
害補償金、遺族見舞金、その他の弔慰金等の遺族給付金については、法定の
災害補償金等に加算して支給されている例が多いので、これらについても退職
手当金等として相続財産とみなすものではないと考えられます。

3　非課税となる退職手当金等

　相続人が受け取った退職手当金等は、その全額が相続税の対象となるわけ
ではありません。
　この退職手当金等の受取人が相続人である場合に、すべての相続人が受け
取った退職手当金等の合計額が非課税限度額を超えるとき、その超える部分が
相続税の課税対象になります。
　具体的には、次の算式により計算します。

（算式）

$$
\begin{pmatrix} その相続人が \\ 受け取った \\ 退職手当金等 \\ の金額 \end{pmatrix} - （非課税限度額） \times \frac{その相続人が受け取った退職手当金等の金額}{すべての相続人が受け取った退職手当金等の合計額} = \begin{pmatrix} その相続人 \\ の課税される \\ 退職手当金 \\ 等の金額 \end{pmatrix}
$$

　非課税限度額は次の式により計算した額です。

178　第3章　保険金・年金

（算式）

500万円 × 法定相続人の数 ＝ 非課税限度額

なお、生命保険金の非課税限度額と同様、法定相続人の数は、相続の放棄をした人がいても、その放棄がなかったものとした場合の相続人の数をいいます。

ただし、相続放棄など相続人以外の者が取得した退職手当金等について非課税の適用はありません。

▌4 弔慰金を受け取ったときの取扱い

被相続人の死亡によって受ける弔慰金や花輪代、葬祭料などについては、原則として、相続税の対象になりません。

ただし、次に掲げる金額を弔慰金等に相当する金額とし、その金額を超える部分に相当する金額は退職手当金等として相続税の対象となります。

(1) 被相続人の死亡が業務上の死亡であるとき

被相続人の死亡当時の普通給与の3年分に相当する額

(2) 被相続人の死亡が業務上の死亡でないとき

被相続人の死亡当時の普通給与の半年分に相当する額

（注）普通給与とは、俸給、給料、賃金、扶養手当、勤務地手当、特殊勤務地手当などの合計額をいいます。

また、被相続人の雇用主などから弔慰金などの名目で受け取った金銭などのうち、実質上退職手当金等に該当すると認められる部分も相続税の対象になります。

実務上のポイント

弔慰金の非課税枠を超えた分は、退職手当金となり、非課税限度額の適用もあります。

第7節　退職手当金　179

演習問題　問18 .... 退職手当金等の額

　会社役員である被相続人・甲野太郎が病気で亡くなり、勤務先より退職慰労金として1,000万円が支給されました。

　また、死亡弔慰金として375万円が支払われることとなりました。

　法定相続人は、妻(甲野花子)と長女の2名です。

　この場合の相続税上の退職手当金等はいくらでしょうか。

　なお、被相続人の死亡当時の普通給与は、半年分で240万円(月40万円×6か月)でした。

平成30年9月30日

甲野　花子　殿

通　知　書

佐藤建設株式会社

　役員賞与・退職慰労金などについて以下のとおり通知します。

平成30年度　役員賞与　　　　　８００，０００円
　　　　　　　　　　　　　　（平成30年10月31日支給予定）

退職慰労金　　　　　　　１０，０００，０００円
　　　　　　　　　　　　　　（平成30年10月31日支給予定）

死亡弔慰金　　　　　　　　３，７５０，０００円
　　　　　　　　　　　　　　（平成30年10月31日支給予定）

以上

解答

①弔慰金の非課税限度額

　月40万円 × 6か月 ＝ 240万円

弔慰金の非課税額を超えた135万円については、退職手当金等の扱いとなります。

②退職手当金等の非課税限度額

　500万円 × 2人 ＝ 1,000万円

③退職手当金等の額

　1,000万円 ＋ 135万円 ＝ 1,135万円

④課税対象退職手当金等

　1,135万円 － 1,000万円 ＝ 135万円

今回は、退職手当金等の非課税額を超えた135万円が課税の対象となります。

なお、法定相続人が3人（非課税額が1,500万円）である場合、結果的には弔慰金と退職手当金等の全額が非課税となります。

5　雇用主が保険料を負担していた生命保険契約に基づく保険金を受け取った場合

従業員を保険契約者、被保険者及び保険金受取人とし、その保険料支払者を雇用主とするという生命保険があります。

このような生命保険契約に基づき、従業員の死亡により相続人が生命保険金を受け取ることとなった場合、雇用主が負担した保険料は、従業員が負担していたものとして、相続税が課税されます（相基通3-17）。

雇用主がその従業員（役員を含む）のためにその者（その者の配偶者その他の親族を

含む)を被保険者とする生命保険契約又はこれらの者の身体を保険の目的とする損害保険契約に係る保険料を負担している場合において、保険事故の発生により従業員その他の者がその保険契約に係る保険金を取得したときの取扱いは、次に掲げる区分に応じ、それぞれ次によるものとします。

①　従業員の死亡を保険事故としてその相続人その他の者が保険金を取得した場合は、雇用主が負担した保険料は、従業員が負担していたものとして、その保険金受取人が相続又は遺贈により取得したものとみなされます。

②　従業員以外の者の死亡を保険事故として従業員が保険金を取得した場合は、雇用主が負担した保険料は、従業員が負担していたものとして、相続税及び贈与税の課税関係は生じませんが、一時所得などとして所得税が課税されます。

③　従業員以外の者の死亡を保険事故として従業員及びその被相続人以外の者が保険金を取得した場合は、雇用主が負担した保険料は、従業員が負担していたものとして、その保険料に対応する部分の保険金については、その保険金受取人が贈与により取得したものとみなします。

　ただし、雇用主がその保険金を従業員の退職手当金として支給することとしている場合には、その保険金は、相続又は遺贈により取得したものとみなされる退職手当金等に該当します。

　また、雇用主が契約者で、かつ、従業員以外の者が被保険者である生命保険契約に係る保険料を雇用主が負担している場合において、その従業員が死亡したときは、その生命保険契約に関する権利については、相続税は課税されませんが、その従業員の相続人等がこの契約に関する権利を取得したときは、退職手当金等となります。

6 死亡退職金等の受給者の判定

被相続人に支給されるべきであった退職手当金等の支給を受けた者には、相続税が課税されることになりますが、その支給を受けた者とは具体的には次に掲げる者をいいます（相基通3-25）。

① 退職給与規程その他これに準ずるものの定めによりその支給を受ける者が具体的に定められている場合には、当該退職給与規程等により支給を受けることとなる者

② 退職給与規程等により支給を受ける者が具体的に定められていない場合又は当該被相続人が退職給与規程等の適用を受けない者である場合には、それぞれ次のイからハの者をいいます。

　イ　相続税の申告書を提出する時又は更正もしくは決定をする時までに被相続人に係る退職手当金等を現実に取得した者があるときは、その取得した者

　ロ　相続人全員の協議により当該被相続人に係る退職手当金等の支給を受ける者を定めたときは、その定められた者

　ハ　イ及びロ以外のときは、その被相続人に係る相続人の全員
　　　この場合には、各相続人は、当該被相続人に係る退職手当金等を各人均等に取得したものとして取り扱います。

7 退職年金の継続受給権の取扱い

例えば、夫が数年前に会社を退職して退職年金を受給していた場合で、今回夫に相続が発生したため、妻が継続して年金を受けるといったケースがあります。

このような退職年金を受けている人が死亡したため、その相続人等がその年金を継続して受けることとなった場合においては、その受給に関する権利は、相続

又は遺贈により取得したものとみなされます。

　したがって、雇用主が就業規則に基づいて支給する退職年金は、相続税法3条1項2号に規定する退職手当金等に該当するものとして課税されることとなります。

　この年金受給権については、相続税法第24条の規定に基づき解約返戻金相当額などにより評価することとなり、また、非課税規定(相法12①六)の適用もあります。

第4章

債務・葬式費用

第1節 債務控除

1 遺産総額から差し引くことができる債務

相続税の課税価格の計算上、相続人又は包括受遺者[16]が負担した債務の金額は、取得財産の価額から控除されます（相法13）。

差し引くことができる債務は、以下のものとなります。

① 相続人又は包括受遺者が承継した債務であること（相法13①）

② 被相続人の債務で相続開始の際現に存するものであること（相法13①）

③ 確実と認められるものであること（相法14）

例えば、被相続人の死亡後に支払った病院の医療費やクレジットカードの請求額、公租公課などが該当します。

2 控除できない債務

被相続人の債務であっても、相続税の非課税財産である①墓所、霊びょう及び祭具並びにこれらに準ずるもの、②宗教、慈善、学術その他公益を目的とする事業の用に供する財産について、これらの取得、維持又は管理のために生じ

16　包括受遺者とは、遺言により包括遺贈を受けた者をいいます。

　　包括遺贈は、財産の割合を指定して遺贈することで、例えば、「Aに4分の1の財産を遺贈する」という場合です。

　　これに対して、特定遺贈は、財産を特定して遺贈することで、例えば「Aに○○の土地を遺贈する」という場合です。

た債務の金額は、その財産を課税価格に算入しないことから、控除もしないこととされています（相法13③）。

　例えば、被相続人が生前に購入したお墓の未払代金は、債務控除の対象とはなりません。

3　公租公課の取扱い

1　控除される公租公課

　債務として控除される公租公課は、被相続人の死亡の際、債務の確定しているもののほか、被相続人の死亡後に相続人等が納付することとなった被相続人に係る所得税、消費税、被相続人が相続・贈与により取得した財産に対する相続税又は贈与税、登録免許税、自動車重量税、印紙税などが該当します。

　また、税金の延滞等があった場合、被相続人の責めに帰すべき事由により納付した延滞税、加算税などの附帯税は控除することができます。

　ただし、相続人の責めに帰すべき事由により納付し、又は徴収されることとなった延滞税、加算税などの附帯税は控除できません（相令3）。

2　未払固定資産税

　固定資産税のように地方税法に賦課期日のある税は、その賦課期日において納税義務が確定したものとして取り扱われます。

　固定資産税は、その年の1月1日現在の固定資産の所有者に対して課税されるものですから、相続開始時点において、相続開始年分の未納分は債務として控除されます。

　所得税で不動産所得の経費となるものでも、相続税において債務となるので留意が必要です。

188　第4章　債務・葬式費用

4 保証債務と連帯債務

1 保証債務と連帯債務

　保証債務とは、主たる債務者がその債務を履行しない場合に、保証人がその主たる債務者に代わってその債務を履行する従たる債務をいいます(民446)。

　連帯債務とは、数人の債務者が、同一の内容の債務について、独立して全責任を負う債務をいいます(民432)。例えば、連帯債務者のうちの1人が債務を履行すれば債権は消滅します。連帯債務者の各自の負担部分が定まっており、連帯債務者のうち1人が弁済したときには、ほかの連帯債務者に対して求償することができます。

　ここでは、債権者は、保証債務は、主たる債務者が債務を履行しない場合に保証人に債務の履行を求めるのに対し、連帯債務は、債権者は、連帯債務者全員に債務の履行を求めることができる点に違いがあります。

2 債務控除の可否

　被相続人の保証債務については、控除することができません。

　なぜなら、保証債務は、保証債務を履行した場合であっても求償権の行使により補てんされるという性質を有するため、確実な債務とはいえないからです。

　ただし、主たる債務者が弁済不能の状態にあるため、保証債務者がその債務を履行しなければならない場合で、かつ、主たる債務者に求償して返還を受ける見込みがない場合には、主たる債務者が弁済不能の部分の金額を控除することが可能です(相基通14-3)。

　被相続人の連帯債務については、被相続人の負担部分が明らかとなっている場合にはその金額は控除することができます[17]。

17　民法上、連帯債務の各自の負担割合について特段の定めをしていませんが、一般に負担割合は当事者が定めたもの、その定めがないときは連帯債務により受けた利益の割合に従い、それによっても定まらない場合には、各自平等な割合によるべきものと考えられています。

また、連帯債務者のうち弁済不能の状態にあるものがあり、かつ、求償の見込みがなく、その者の負担部分をも負担しなければならないと認められる部分においては、その金額も控除することが可能です(同14-3)。

5 相続人等による立替金

　被相続人の生前、被相続人の生活費や医療費の一部を相続人が立て替えているケースがあります。

　この相続人が立替えた金額(立替金)については、それが「扶養義務の履行としてなされた場合」を除き、その負担額は債務控除が可能となります。

　扶養義務の履行としてなされた場合とは、次の要件が必要と考えられます[18]。

　①　扶養を受けようとする者に生活資力がないこと

　②　扶養しようとする者に扶養能力があること

　③　扶養権利者が扶養義務者に対し扶養の請求をすること

　例えば、被相続人に十分な資力がある場合は、上記①に該当しますので、扶養義務の履行にはあたらないこととなります。この場合、相続人等が支払った生活費や医療費は、被相続人が支払うべきものとなりますので、被相続人は、その立替えられた金額に相当する債務を負っていたことになります。

　なお、債務控除にあたっては、立替の事実を証明するため、相続人等が支払った金額や支払先、日付を明らかにしておく必要があります。

6 団体信用生命保険契約により返済が免除される住宅ローン

　団体信用生命保険契約に基づき返済が免除される住宅ローンは、被相続人の死亡により支払われる保険金によって補てんされることとなります。

　したがって、相続人が支払う必要のない債務となるため、相続税の課税価格

18　『税務関係実務相談録(資産税編)』六法出版(加除式)、「医療費と債務控除」参照

の計算上、住宅ローン残高を債務として差し引くことはできません[19]。

【ケース】

　私（相続人）は、夫（被相続人）の死亡に伴い、夫の財産（土地・建物）を相続しました。

　自宅である土地・建物は5年前に購入したもので、住宅ローンの残高は相続開始日現在で800万円ありました。

　なお、住宅ローンの残高は、団体信用生命保険契約により、後日、全額が免除されました。

【取扱い】

　団体信用生命保険契約により返済が免除される住宅ローンは、相続人が支払う必要のない債務であるため債務控除することができません。

7　遺言執行費用と債務控除

　相続税の課税価格の計算上、控除できる債務の金額は、被相続人の債務で相続開始の際に現に存するものに限られています。

　したがって、遺言執行費用のような「相続財産の管理に関する費用」は、相続開始後に発生するものとなり、債務控除の要件である①被相続人への帰属性、②相続開始時における現存性を満たさないので、相続税の課税価格の計算上、控除される債務とはなりません。

　なお、相続財産の管理に関する費用には、次のようなものがあります。

①　相続の承認又は放棄前の相続人による相続財産の管理費用

②　限定承認者による相続財産の継続管理費用

③　相続を放棄した者の放棄後、次順位の相続人が管理するまでの間の相

19　国税庁ホームページ「相続税の申告書作成時の誤りやすい事例集⑬」

第1節　債務控除　191

続財産の管理費用

④　財産分離の請求があった場合の相続人又は管理人などによる相続財産の管理費用

⑤　遺言執行に関する費用

　なお、被相続人の成年後見人[20]に対する報酬は、生前の後見事務に対する報酬は債務控除が可能となります。

8　相続を放棄した者の債務控除

　債務控除をすることができる者は、相続人又は包括受遺者に限られています。相続を放棄した者は相続人とはならないことから、現実に被相続人の債務を負担したとしても債務控除をすることはできません。

　したがって、例えば、相続放棄した者が、被相続人の債務を負担したとしても、その者が取得した生命保険金等から債務控除することはできません。

　ただし、相続放棄した者が被相続人の葬式費用を負担した場合は、当該負担額は債務控除しても差し支えないものとされています（相基通13-1）。

（まとめ）債務控除の可否

控除できる債務	控除できない債務
● 銀行借入金 ● 被相続人に課される所得税や住民税、個人事業税、固定資産税などの公租公課 ● 死亡後に支払った医療費や介護施設費 ● クレジットカードの未払い分 ● 相続人などが立て替え払いしている未清算金	● 非課税財産に対する費用 ● 保証債務（主たる債務者が弁済不能な部分は控除可） ● 遺言執行者の報酬（生前の役務提供に対する成年後見人の報酬は控除可）

20　成年後見人は、成年被後見人の身上監護とともに、財産の調査、財産目録の作成その財産の管理を行います。成年後見人に対する報酬は、家庭裁判所が財産状況、事務量や内容を総合的に勘案して、報酬額を決定することとなり、後払いが原則となります。

第2節 葬式費用

1 控除できる葬式費用

　葬式費用は債務ではありませんが、相続税の課税価格の計算上、相続人又は包括受遺者が負担したものを控除することができます（相法13①二）。

　具体的には、次のものが葬式費用として控除できます（相基通13-4）。

① 葬式もしくは葬送に際し、又はこれらの前において、埋葬、火葬、納骨又は遺がいもしくは遺骨の回送その他に要した費用
　仮葬式と本葬式とを行うものにあっては、その両方の費用

② 葬式に際し、施与した金品で、被相続人の職業、財産その他の事情に照らして相当程度と認められるものに要した費用

③ ①又は②に掲げるもののほか、葬式の前後に生じた出費で通常葬式に伴うと認められるもの

④ 遺体の捜索又は遺体もしくは遺骨の運搬に要した費用

2 葬式費用には該当しないもの

以下のものは葬式費用には該当しません。

① 香典返戻費用

② 墓碑、墓地の購入費及び墓地借入料

③ 初七日、その他法要のための費用

④ 医学上、裁判上など特別の処置に要した費用

3 追善供養は控除できない

初七日、四十九日、百か日、一周忌、三回忌などの法会に係る費用は、葬式費用には該当しません。

これは、法会は、死者を葬る儀式とは異なり、死者の追善供養のために営まれるものであることから、葬式費用には含まれないとされています。

4 納骨費用の控除

ただし、一般的に葬式は、葬儀、葬礼、おとむらいなどの死者を葬る儀式をいうものとされており、納骨もその一部と考えられることから、納骨に要した費用については、葬式費用に含まれるものとされています。

納骨が四十九日などの法会とともに行われる場合は、納骨に要した費用と法会に要した費用が明確に区分されている必要があります。

また、墓石への彫刻代は葬式費用に該当しないことに注意が必要です。

5 領収証のないお布施や心付けの債務控除の可否

僧侶に対する謝礼や戒名料等として、また、通夜・葬儀式を手伝ってくれた方に謝礼として金員を渡すことがあります。この金員の収受には領収証のないことが多いといえます。

これについては、領収証のないものであっても、社会通念上、支払いされるであろう内容のもので、支払い金額も妥当なものであれば葬式費用と認められます（平成8年6月26日裁決〔TAINS F0-3-038〕）。

194 第4章 債務・葬式費用

（まとめ）葬式費用の控除の可否

控除できる葬式費用	葬式費用に含まれないもの
● 通夜、告別式の費用 ● 食事代 ● お寺などに対するお布施、車代 ● お手伝いの方へのお礼、車代 ● 会葬御礼にかかった費用 ● 火葬料 ● 埋葬料 ● 戒名料 ● 納骨費用 ● 相続人が負担する生花代、供物代 ● 遺体の捜索費用 ● 遺体や遺骨の運搬費用	● 香典返しにかかった費用 ● 墓石や墓地の購入費用 ● 仏壇や仏具の購入費用 ● 初七日にかかった費用 ● 四十九日法要にかかった費用 ● 一周忌や三回忌にかかった費用 ● 永代供養料 ● 遺体解剖費用 ● 墓石への彫刻代

実務上のポイント

　　一般に香典返しにかかる費用は控除ができませんが、当日の会葬御礼にかかる費用は控除することができます。

（参考）葬儀の流れ

　　葬式費用にあたるか否かの判断については、葬儀や仏教の知識が必要となります。

　　一般的な葬儀の流れは以下の通りです。

①通夜

　　通夜は、本来、葬儀式・告別式の前夜に近親者が集まり、故人を偲んで別れを惜しむものです。葬儀式・告別式が公の葬儀であるのに対し、通夜は私的な葬別の場となります。

　　しかし、最近では、通夜にも一般弔問客を迎え、1～2時間程度で通夜の法

第2節　葬式費用　195

要（これを半通夜といいます）を行い、会葬者に通夜振る舞い（飲食接待[*1]）をして終わります。葬儀式・告別式は日中行われることが多く、仕事などの都合で出席しにくい人もいるため、通夜に弔問・会葬者が多く参列するようになりました。

　通夜では、遺族や親族、近所の人たち、職場関係者が受付係、会計係、接待係、司会進行係などの役割を決めて会葬者（弔問客）の応対をします[*2]。

②葬儀式・告別式

　お葬式は、本来、葬儀式（宗教儀礼）と告別式（社会的儀礼）に区分されていますが、現代では、一般的に葬儀式並びに告別式という形式となっています。

　葬儀式は、故人の死を悼み仏や神に祈る宗教儀式となります。故人または喪家の信仰する宗教・宗派によって定まっている葬送儀礼に則って行われます。

　また、告別式は、一般的には故人と最期の別れをする社会的な儀礼です。もともとは、葬儀に引き続いて会葬者全員が火葬場や墓地まで出向き、埋葬前に最期の別れをする儀式だったようです。

　現代においては、遺族・親族と近親者以外の会葬者が火葬・埋葬まで同行することはあまりなく、葬儀式に引き続いて、棺を閉じる前に故人に別れを伝え、遺体に「別れ花」を行うなどが告別式にあたるといえます。

③火葬と還骨法要

　葬儀・告別式を終えた後は火葬場で火葬となります。火葬には1〜2時間かかりますので、この間は控室で待機します。一般的には控室で会葬者に軽食を振る舞います[*3]。

　火葬後は、葬儀式場や自宅に戻り、「後飾り祭壇」に遺骨、位牌、遺影を安置して、僧侶に読経・供養してもらいます。これを一般に還骨法要、還骨勤行、還骨回向などといいます。

　なお、通夜、葬儀式・告別式を通じて、僧侶にお礼を渡すのが一般的です[*4]。僧侶が法要のあとの会食に同席する場合には、御布施、車代が渡されます。僧侶が会食に同席しない場合は、御布施、車代、御膳料が渡されます。神道では玉串料といいます。

　葬儀式・告別式、火葬、還骨法要は1日で行われ、最後に会葬者へ「精進落とし」という会食の席が設けられます。

④初七日法要

　還骨法要に続いて「初七日法要」を行います。「初七日法要」は本来は故人が亡くなった日から7日目(故人が三途の川に到着する日とされています)に行いますが、近年においては葬儀・告別式と併せて行うこともあります[*5]。初七日法要は遺族、近親者のみで行います。

　仏教においては、亡くなってから七日ごとに十人の王による裁きが行なわれます。閻魔大王によって極楽浄土に行けるかどうかの判定が下されるのが三十五日目といわれています。そこで天道から地獄道までの六つの世界に進みます。遺族は、七日ごとの裁きの日に合わせて法要を行ない、故人が成仏できるように祈ります。これを追善供養といいます。

　四十九日に故人が来世へ旅立つこととなり、遺族にとっては忌明けとなります。

　ちなみに十王の裁きは四十九日までに7回です。あとの3回は百ヶ日、一回忌、三回忌として、故人が思わぬ世界に落ちてしまっても救われるよう再審査があります。

　仏教の葬儀では、逝去日から忌明け(四十九日)までの期間は、遺骨・位牌は、仏壇に収めないことになっています。このため、自宅内の仏壇横又は仏壇前に祭壇を作り、ここに葬儀式(火葬)を終えた故人の遺骨、位牌、遺影を安置します。

⑤納骨

　火葬した後の遺骨は墓へ埋葬することとなります。

　納骨の時期に関して法律はありませんが、仏教においては、人の死後四十九日間は、死者のために追善供養をして冥福を祈りますので、忌明けとなる四十九日法要と同時に納骨式を行うことが多いといえます。四十九日の法要は、必ず四十九日が経つ前に行います。

　納骨式までに墓石に戒名を彫ったり、墓石の納骨室の石蓋を開けたりするのは石材店が行います[*6]。

　また、四十九日法要及び納骨に際しては、僧侶にお礼を渡すのが一般的で、僧侶が法要のあとの会食に同席する場合には、御布施、車代を渡します。僧侶が会食に同席しない場合は、御布施、車代、御膳料を渡します[*5]。

⑥日本の宗派

　日本では、9割以上の葬儀式は仏教によって行われているようです。代表的な宗派には、法相宗、律宗、華厳宗、真言宗(空海)、天台宗(最澄)、日蓮宗(日蓮)、浄土宗(源空)、浄土真宗(親鸞)、融通念仏宗(良忍)、時宗(智

真）、臨済宗（栄西）、曹洞宗（道元）、黄檗宗があります。

　そのほか、神道やキリスト教の葬儀もあります。

　ここでは、参考として葬儀の流れを紹介してきましたが、仏教による葬儀式（仏式葬儀）の中でも、宗旨宗派によって違いがあり、また、それら儀礼が意味するところや葬儀の意義も、宗派の教義によって異なります。

＊1　通夜の飲食費用は控除できます。

＊2　お手伝いの方への心付け（お礼や車代）は控除できます。

＊3　斎場での食事代は控除できます。

＊4　僧侶への金員は領収書がなくても控除できます。

＊5　初七日法要や四十九日法要など追善供養にかかる費用は控除できません。

＊6　彫刻代は控除できませんが、埋葬費用は控除できます。

第**5**章

名義預金・生前引出

名義財産とは何か

第 1 節

相続財産は、「相続開始日時点」の「被相続人名義」の財産のみ確認しておけばよいというわけではありません。

「家族名義の財産(いわゆる名義財産)」や「生前に引き出された資金」が相続財産に加わることで相続財産は何倍にも膨れ上がり、無申告や過少申告となってしまうことがありますので留意が必要です。

1 名義財産とは

名義財産とは、形式的には被相続人の配偶者や子などの親族名義となっていますが、実質的には被相続人に帰属する預金や株式のことをいいます。

その財産が誰のものであるかという財産の帰属については、名義もひとつの判断要素となりますが、一般に、親族間においては、被相続人以外の名義で預貯金口座等を開設することも広く行われています。

したがって、財産が、実質的に被相続人に帰属するのか、名義人に帰属するのかの判定は、

① その財産又はその購入原資の出捐者は誰か

② 贈与の事実はあったのか

③ 当該財産を管理及び運用していたのは誰か

④ 当該財産から生ずる利益の帰属者は誰か

⑤ 被相続人と名義人との関係

⑥ 名義人がその財産を有することになった経緯

といったポイントを総合考慮するものとされています。

特に、資金を被相続人が出している場合、名義財産とされないためには、被相続人から名義人へ贈与された事実がなければなりません。そのためには、受贈者である名義人に贈与された認識があることが要件となります[21]。

また、名義人自身が当該財産の管理及び運用をしていなければなりません。そのためには、権利行使に必要な証書や印鑑、キャッシュカードを自ら管理し、資金を自由に出し入れできる状態にあることが要件となります。

実務上のポイント

我が国では、親族間贈与で契約書を作成する慣習がなく、贈与の事実があったのかどうか外形的に判別しがたい状況にあります。そのため、相続税の税務調査においては、主として財産の管理・運用の状況が確認されることが多いといえます。

---

2 名義財産に該当するか否かの判定

名義財産が被相続人に帰属するのか、名義人に帰属するのかの判定はどのように行うのでしょうか。

名義財産の判定の基準として、主に以下の点があげられます。

1 財産の資金を誰が拠出しているか

名義性が疑われる場合、資金を被相続人が拠出していることが前提となります。

名義人が自らの給与・年金を貯蓄した預金や、過去に相続により取得した財産に関して名義性が問題となることはありません。

21　贈与は、民法上、当事者の一方（贈与者）が自己の財産を無償で相手方に与える意思を表示し、相手方（受贈者）がこれを受諾することにより効力が生じる諾成契約です（民549）。

また、資金源が被相続人のものであるか、名義人のものであるかわからない場合は、例えば預金開設の手続きは誰が行ったのか、被相続人口座から出金された資金がその名義人の口座へ入金されているかといった点がポイントとなります。

　また、名義人の当時の収入状況や財産状況など諸条件を確認し、名義人にその財産を形成するだけの資力があったか否かも確認されることになります。

2　名義人が贈与を受けたものであるか否か

　名義人が財産を被相続人から贈与を受けた財産であれば、それは名義人に帰属するものとなります。一方、贈与が有効に成立していない場合には、依然として被相続人に帰属します。

　贈与は、贈与者が自己の財産を無償で相手方に与える意思を表示し、受贈者がこれを受諾することにより効力が生じる諾成契約ですから、少なくとも名義人はその財産の存在を知っていなければなりませんし、贈与を受けた認識がなければなりません。

　贈与事実があったか否かは、贈与契約書が結ばれているかどうか、贈与税の申告がされているかといった点も重要なポイントとなります[22]。

3　その財産の管理及び運用を誰がしていたか

　その財産が名義人のものであるというためには、名義人が自らその財産の管理及び運用をしていなければなりません。

　「管理」とは、例えば預金の権利行使に必要な証書、印鑑、キャッシュカードを名義人が自ら管理し、資金を自由に出し入れできる状態になければなりません。

　また、「運用」とは、預金の作成や、定期預金の満期に伴う書き換え、投資信託の商品の組み替えを自己の責任に基づいて行っているといった点がポイントとなります。

22　贈与は口頭でも成立するため、契約書や、申告・納税の事実がなくても成立し得ます。一方で、契約書がある、申告しているからといって成立するものでもありません。

名義財産の判断フローチャート

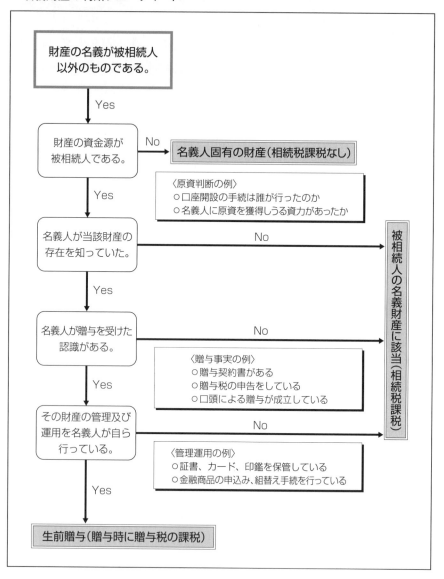

実務上のポイント

　税務調査の現場においては、名義性の疑われる財産が、名義人に帰属するものであるか、被相続人に帰属するものであるかがしばしば争われます。

　名義人である納税者は、「すでに贈与されたものであるから、名義人たる自分のものであって被相続人の財産ではない」と感情的に自説を繰り返すことでしょう。調査官は、「被相続人は名義を借用していただけで、実質的に管理していたのは故人であるから、これは相続財産である」という見解を主張することとなります。

　税理士は、このような財産の帰属者が誰かという問題に対して、預金を誰が管理していたといえるのか、生前贈与は有効に成立していたといえるのか、資金源は誰のものかといった点を客観的な証拠を積み重ねて冷静に判断することが迫られます。

第2節 預金の引き出しと相続財産の認定

1 取引履歴確認の必要性

相続財産の認定に際しては、名義財産の確認と合わせて、被相続人の預金通帳や証券口座の生前の入出金(取引履歴)についてその使途を確認します。

相続財産となるのは被相続人名義の相続開始時点の残高だけではありません。被相続人の生前に引き出された現金も相続税の課税の対象となり得ます。

また、相続又は遺贈により財産を取得した者が、被相続人からその相続開始前3年以内に贈与を受けた財産があるときには、その者の相続財産に当該贈与財産の価額が加算され(相法19)、相続時精算課税の適用者については、相続時精算課税制度の適用後に受けた贈与財産のすべてが相続財産に加算されます(相法21の9)。

2 生前引出における実務上の取扱い

第一に、被相続人の口座から出金されたものが、相続開始時点において自宅や貸金庫等に残っていれば、手許現金として相続財産に計上します。

第二に、被相続人の生活費や医療費、租税公課などに費消されている場合には、相続税の課税問題は生じません。また、夫婦や親子、兄弟姉妹などの扶養親族の生活費や教育費、医療費などに費消されている場合は、通常必要と認められるものについては、贈与税がかからないものとされています(国税庁タックスアンサー No.4405「贈与税がかからない場合」)。

第三に、被相続人名義の口座から多額の出金があり、それが親族の口座に

206　第5章　名義預金・生前引出

移動がみられる場合、それが贈与によるものであれば、贈与税の申告の有無を確認し、必要に応じて贈与税の期限後申告又は修正申告を行います[23]。相続又は遺贈により財産を取得した者に対する相続開始以前3年以内の贈与であれば相続財産に加算します（相法19）。

第四に、その資金移動が贈与によるものではなく、親族の口座にたまっているような資金（プール金）である場合については、預け金や貸付金、名義預金、手許現金といった項目で相続財産に該当することとなります。

問題は、被相続人の銀行口座から相続発生前に多額の資金が引き出されているにもかかわらず、その使途が不明となっている場合です。現行制度では推定課税が認められていないため、この引き出された資金に対して相続税を課税することは原則としてできないこととなります[24]。

23　税務調査などによって贈与が発覚するケースが多いのですが、税務署長による贈与税の更正・決定の期間は6年（納税者に偽りその他不正行為があった場合は7年）であり、その課税権の期間制限（除斥期間）を経過したものは課税できないこととなります。

24　国税庁は、過去の税制改正要望において、一定の期間に被相続人の資産から流出した一定額以上の使途不明金を相続人が取得したものとして相続財産に算入するという相続税への推定規定の新設を要望していますが、税制改正には至っておりません（国税庁『平成24年度税制改正意見（平成23年9月）』16頁、同『平成25年度税制改正意見（平成24年9月）』18頁、同『平成26年度税制改正意見（平成25年8月）』17頁）。

直前引出の判断フローチャート

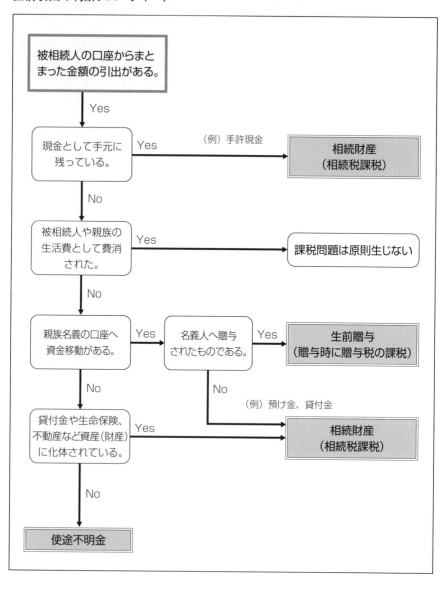

第3節 預金調査の具体的な手法

　相続税申告にあたっては、被相続人や親族の預金通帳を預かり、資金の入出金を確認します。これを預金調査といいます。

　預金調査は、被相続人の口座から資金の出入りが多い場合や、親族との資金交流が見受けられる場合、必要に応じて行います。
　通帳からは様々な事実がわかります。以下具体例を挙げておきます。

　被相続人である甲野太郎が平成28年12月31日に亡くなりました。相続人は妻・長男・長女の3人です。

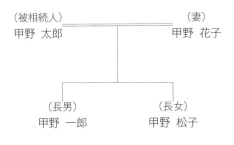

被相続人・甲野太郎の通帳①

普通預金（兼お借入明細）

	お取引内容	お支払金額（円）	お預り金額（円）	
25-4-1	振込 コウノイチロウ	5,000,000	Ⓐ	50,234,567
25-4-28	水道料金	16,321		50,218,246
25-4-15	カシキンコ	15,750		50,202,496
25-4-15	国民年金		300,000	50,502,496
25-4-20	東京ガス	10,954		50,491,542
25-4-30	引出し	2,000,000		48,491,542
25-4-30	振込 Sセイメイホケン	90,000		48,401,542
25-5-12	定期振替	5,000,000		43,401,542
25-5-15	国債	2,000,000		41,401,542
25-6-2	振込 コウノタロウ	3,000,000	Ⓑ	38,401,542
25-6-2	振込 コウノイチロウ	500,000	Ⓒ	37,901,542
28-6-13	電気	13,654		37,887,888
28-6-20	ATM（038）	500,000		37,387,888
28-8-15	国民年金		300,000	37,687,888
28-8-20	振込 コウノマツコ	500,000		37,187,888
28-8-20	振込 Mセイメイホケン		14,531,965	51,719,853
28-8-20	テイキリソク		8,000	51,727,853
28-8-28	ハイトウ Tショウジ		3,600	51,731,453
28-9-20	振込 Mショウケン	1,000,000		50,731,453
28-10-20	振込 Sセイメイホケン	300,000		50,431,453
28-12-29	ATM（038）	500,000		49,931,453
29-2-10	振込 Yカイゴシセツ		1,290,000	51,221,453

被相続人・甲野太郎の通帳②

普通預金（兼お借入明細）

年月日（和暦）	記号	お引出し金額(円)	お預入れ金額(円)		残　高(円)
25-5-1	現金	100,000	(123)カード		154,321
25-6-2	振込	コウノタロウ	3,000,000	Ⓑ	3,154,321
28-6-20	現金	(345)カード	500,000		3,654,321

長男・一郎の通帳

普通預金（兼お借入明細）

年月日（和暦）	記号	お引出し金額(円)	お預入れ金額(円)		残　高(円)
25-4-1	振込	コウノタロウ	5,000,000	Ⓐ	6,234,567
25-6-2	振込	コウノタロウ	500,000	Ⓒ	6,734,567

【入出金の内容】

平成25年4月1日　長男・一郎に500万円が振り込まれています（Ⓐ）。

→長男へ贈与したものであるか、貸し付けたものであるのかを確認します。

平成25年4月30日　窓口で200万円が引き出されています。

→引き出した資金の使途を確認します。

平成25年4月30日　生命保険会社へ定期的に何らかの支払いをしています。

→死亡保険金がないか確認します。

第3節　預金調査の具体的な手法　211

| 平成25年5月12日 | 500万円の定期預金が作成されています。

→定期を漏れなく相続財産に計上します。

| 平成25年5月15日 | 200万円の国債を購入しています。

→国債を漏れなく相続財産に計上します。

| 平成25年6月2日 | 他行へ300万円振り替えています（Ⓑ）。

→振り替えた先の口座が財産計上されているかを確認します。

| 平成25年6月2日 | 甲野一郎へ50万円が振り込まれています（Ⓒ）。

→長男へ贈与したものであるか、貸し付けたものであるか確認します。

| 平成28年6月20日 | 支店番号038のATMから50万円が引き出されています。

→ATMからの出金であれば、引き出した場所もわかります。

今回は、別の銀行預金に同日同額の入金がありますので問題ありません。

| 平成28年8月28日 | T商事より配当金が入金されています。

→上場株式の有無を確認します。

| 平成28年9月20日 | 証券口座へ100万円振り替えられています。

→証券口座は通帳のような証書がないことが多いため、証券口座の確認も、取引報告書で忘れずに行います。

| 平成28年12月29日 | 相続開始2日前に50万円引き出されています。

→使途を確認し、相続開始日に残っているようであれば財産として計上します。

| 平成29年2月10日 | 入所していた介護施設から129万円の入金があります。

→介護施設の入居一時金や費用の清算金も相続財産となります。

通帳の情報を表にまとめると資金の動きが一目でわかります。

【参考】預金調査表

名義人	金融機関	種類	口座番号	日付	出金	入金	摘要	備考	顛末
甲野太郎	A銀行甲支店	普通	1234567	H25.4.1	5,000,000		振込イチロウへ	生前贈与?	生前贈与加算
甲野太郎	A銀行甲支店	普通	1234567	H25.4.30	2,000,000		引出し	どこへ?	使途不明
甲野太郎	A銀行甲支店	普通	1234567	H25.5.12	5,000,000		定期振替		相続財産
甲野太郎	A銀行甲支店	普通	1234567	H25.5.15	2,000,000		国債購入		相続財産
甲野太郎	A銀行甲支店	普通	1234567	H25.6.2	3,000,000		振込タロウ		資金移動
甲野太郎	B銀行乙支店	普通	9876543	H25.6.2		3,000,000	振込タロウ		資金移動
甲野太郎	A銀行甲支店	普通	1234567	H25.6.2	500,000		振込イチロウへ	生前贈与?	
甲野太郎	A銀行甲支店	普通	1234567	H28.6.20	500,000		ATM		資金移動
甲野太郎	B銀行乙支店	普通	9876543	H28.6.20		500,000	ATM		資金移動
甲野太郎	A銀行甲支店	普通	1234567	H28.8.20	500,000		振込マツコへ	生前贈与?	
甲野太郎	A銀行甲支店	普通	1234567	H28.8.20		14,531,965	M生命保険		
甲野太郎	A銀行甲支店	普通	1234567	H28.9.20	1,000,000		振込M証券		
甲野太郎	A銀行甲支店	普通	1234567	H28.12.29	500,000		ATM		現金計上

実務上のポイント

　一般的には50万円もしくは100万円以上の入出金をピックアップします。

　事案によっては、その金額以下であっても複数回あればピックアップします（例えば30万円でも、100回あれば3,000万円になります）。

　また、定期預金の推移は、本数が多ければ多いほど通帳から読み取ることがわかりにくくなります。表でまとめるとわかりやすいといえます。

第4節 ケーススタディ

ケース① 相続直前に引き出された現金は相続財産か

事 例

被相続人・甲野太郎の相続開始日は、平成28年12月31日です。被相続人の口座から、相続開始の1か月以内に50万円が複数回引き出されています。

資金の管理は、被相続人が自ら行っていたため、相続人にはその使途がわからないとのことです。この引き出した現金の取扱いはどのようにしたらよいでしょうか。

普通預金（兼お借入明細）

	お取引内容	お支払金額（円）	お預り金額（円）
28-12-1	ATM(038)	500,000	10,234,567
28-12-2	ATM(038)	500,000	9,734,567
28-12-3	ATM(038)	500,000	9,234,567
28-12-4	ATM(038)	500,000	8,734,567
29- 1-5	ATM(038)	1,000,000	7,734,567

（28/12/31 相続開始）

取扱い

相続開始日時点に現存している現金を手許現金として相続財産に計上します。

	引 出 日	金 額
①	平成28年12月1日	500,000円
②	平成28年12月2日	500,000円
③	平成28年12月3日	500,000円
④	平成28年12月4日	500,000円
	引出額合計	2,000,000円

214 第5章 名義預金・生前引出

本件においては、各引出日から相続開始日までにおいて、何らかの費用に充てられた事実が認められないことから、現金として200万円を計上します。

解　説

（1）相続財産としての現金

　被相続人が亡くなる直前に口座から預金を引き出している場合、相続開始日において存する現金が相続税の課税対象となります。

　例えば、入院中の被相続人が多額の現金を引き出した場合、亡くなるまでの10日間に5,000万円を使うことは通常考えられるでしょうか。では100万円であればどうか、半年で5,000万円であればどうか、といった論点です。

　このようなケースにおいては、被相続人の死亡直前の状況から、資産の取得、債務の返済、その他費消等のために支出された事実が認められない場合には、当該引き出された現金は、相続開始時の手持現金と認めるのが相当とされています（昭和54年6月21日裁決〔裁事18巻97頁〕）。

（2）引き出された現金が相続財産とされた事例

　例えば、入院中の被相続人の銀行口座から相続開始直前に4,000万円が引き出されたケースにおいては、（イ）その引き出した資金で新たに資産を取得した事実は見当たらないこと、（ロ）被相続人が当時高額物品の購入その他多額の支払いを要する役務あるいはサービスを受けたような事実は見当たらないこと、（ハ）手持現金について相続人の知らない相手方に貸付をした事実についてもその形跡は見当たらないこと、（ニ）手持現金に相当するような租税公課等の支払いをした事実もないことなどから、現金4,000万円が相続開始時において現存していたと判断されています（昭和54年6月21日裁決〔裁事18巻97頁〕）。

　また、同じく相続開始直前に5,000万円が引き出されたケースにおいては、（イ）5,000万円という高額な金員を家族に知られないまま費消することは通常であれば考えられないこと、（ロ）金員が引き出されてから被相続人が死亡するま

第4節　ケーススタディ　215

では、ギャンブル等の浪費によってすべて費消するには短すぎること、(ハ)相続開始日までに被相続人の家族以外の第三者には渡されていないと推認されること、(ニ)資産の取得又は役務の対価に充てられた事実その他何らかの費用に充てられた事実がないことなどから、相続の開始時点までに被相続人の支配が及ぶ範囲の財産から流出しておらず、相続財産に該当すると判断されています(平成23年6月21日裁決〔裁事83巻833頁〕)。

実務上のポイント

　預金者が亡くなると預金口座が凍結して引き出せないため、相続人が、葬式費用や入院費用の支払いのためにお金を引き出しておくケースがよくあります。

　生前に引き出された資金が相続開始日に現存していたことが明らかでなくても、他の使途に使われた形跡がないことをもって相続財産と認定されることに注意が必要です。

ケース② 被相続人や親族の生活費として費消された現金

事 例

被相続人・甲野太郎の相続開始日は、平成28年12月31日です。

被相続人は、生前に大学生である長女・甲野松子を扶養しており、仕送りとして毎月20万円を送金しています。長女・松子はその資金を現金で引き出し、生活費として費消しています。

被相続人の通帳

普通預金（兼お借入明細）

年月日（和暦）	記号	お引出し金額（円）	お預入れ金額（円）	残　　高（円）
28-8-31	振込	200,000	コウノマツコ	10,234,567
28-9-29	振込	200,000	コウノマツコ	10,034,567
28-10-30	振込	200,000	コウノマツコ	9,834,567
28-11-28	振込	200,000	コウノマツコ	9,634,567
28-12-25	振込	200,000	コウノマツコ	9,434,567

取扱い

相続人が扶養義務者から資金を受け取っているケースにおいては、生活費や教育費に充てて費消している場合には、課税関係は生じないこととなります。

解　説

（1）生活費・教育費の非課税

被相続人の資金が扶養する親族の口座へ移動しており、かつ、資金がその扶養親族の生活費として費消されているケースです。

ここでいう生活費は、その者にとって通常の日常生活に必要な費用をいい、また、教育費とは、学費や教材費、文具費などをいいます。

夫婦や親子、兄弟姉妹などの扶養義務者から生活費や教育費に充てるため

第4節　ケーススタディ　217

に取得した財産で、通常必要と認められるものは贈与税がかからないものとされています（241頁Q&A参照）。

（2）贈与に該当する場合

ただし、贈与税がかからない財産は、生活費や教育費として必要な都度直接これらに充てるためのものに限られます。

したがって、生活費や教育費の名目で資金を受け取った場合であっても、それを貯蓄していたり、株式や不動産などの資産運用に充てている場合には課税関係が生じます。

例えば、下記のケースでは、親から子へ生活費として毎月おおよそ8万円を渡していますが、当該資金の入金口座からは生活費としての引出がなく貯蓄されています。

この場合は、贈与税のかからない場合とはいえず、(イ)当該資金がその都度贈与されたものであれば贈与税の課税、(ロ)当該資金が借名預金である場合は名義預金として260万円が相続財産に該当することとなります。

相続人の通帳

普通預金（兼お借入明細）

年月日（和暦）	記号	お引出し金額（円）	お預入れ金額（円）	残　高（円）
28-3-25	現金	(123)カード	80,000	1,920,000
28-4-20	現金	(123)カード	80,000	2,000,000
28-5-24	現金	(123)カード	95,000	2,095,000
28-6-20	現金	(123)カード	80,000	2,175,000
28-7-25	現金	(123)カード	100,000	2,275,000
28-8-20	現金	(123)カード	80,000	2,355,000
28-9-29	現金	(123)カード	80,000	2,435,000
28-10-20	現金	(123)カード	85,000	2,520,000
28-11-24	現金	(123)カード	80,000	2,600,000

ケース③　資金移動は贈与か名義預金か

事　例

被相続人・甲野太郎の相続開始日は、平成28年12月31日です。

被相続人の口座から、相続開始前に50万円の引き出しが複数回あります。

そして、同日または近い日時に同額または近い金額の資金が、長女の通帳に入金されています。被相続人の通帳から引き出された資金はどのように取り扱われるでしょうか。

被相続人の通帳

普通預金（兼お借入明細）

	お取引内容	お支払金額(円)	お預り金額(円)	残　高
28-4-25	ATM(038)	500,000		50,234,567
28-5-20	ATM(038)	500,000		49,734,567
28-5-24	ATM(038)	500,000		49,234,567
28-6-20	ATM(038)	500,000		48,734,567
28-6-25	ATM(045)	500,000		48,234,567
28-7-20	ATM(038)	500,000		47,734,567
28-7-29	ATM(045)	500,000		47,234,567
28-8-20	ATM(038)	500,000		46,734,567

相続人の通帳

普通預金（兼お借入明細）

年月日（和暦）	記号	お引出し金額(円)	お預入れ金額(円)	残　高(円)
28-4-25	現金	(123)ｶｰﾄﾞ	500,000	7,654,321
28-5-20	現金	(123)ｶｰﾄﾞ	500,000	8,154,321
28-5-24	現金	(123)ｶｰﾄﾞ	500,000	8,654,321
28-6-23	現金	(123)ｶｰﾄﾞ	500,000	9,154,321
28-6-25	現金	(123)ｶｰﾄﾞ	500,000	9,654,321
28-7-20	現金	(123)ｶｰﾄﾞ	500,000	10,154,321
28-8-5	現金	(123)ｶｰﾄﾞ	500,000	10,654,321
28-8-20	現金	(123)ｶｰﾄﾞ	500,000	11,154,321

取扱い

　被相続人の口座から資金の出金があり、同日あるいはこれに近接した日時に、同額あるいは近似した金額の相続人口座への入金又は資産の購入の各事実が認められる場合には、出金した金銭を他に使用したことが立証されない限り、相続人口座へ移動したと推認するのが経験則に照らし相当とされています。

　したがって、今回のケースにおいては、平成28年4月からの8回の引き出しが長女口座へ入金されたと判断されます。

解　説

(1) 資金移動の認定

　被相続人の口座から多額の出金があり、相続人名義の口座へ入金がみられる場合、直ちに出金と入金の紐付けがなされるかという点です。

　例えば、被相続人の口座からの出金と相続人口座への入金との間が半年や1年空いていたらどうでしょうか。

　この場合、被相続人口座からの出金と同日あるいはこれに近接した日時に、同額あるいは近似した金額の親族名義の財産の形成の事実が認められる場合には、出金した金銭を他に使用したことが立証されない限り、右出金で親族名義の財産を形成したものと推認するのが経験則に照らし相当とされています（大阪地裁平成2年5月22日判決〔税資176号順号6513〕）。

　ただし、この場合であっても、被相続人からの出金と親族名義へ財産形成の対応関係を具体的に示し、対応関係のとおりの現金の受渡しがされた事実の全てについて、証拠により証明される必要があります（平成25年2月28日裁決〔裁事90巻201頁〕参照）。

(2) 相続税の取扱い

　そして、この税務上の取扱いは、当該資金が贈与されたものであるか否かにより異なります。

これらの資金が被相続人から相続人へ贈与されたものであり、かつ、相続人が預金を管理・運用するものであれば、資金の移動の時点で相続人に対する「贈与」として取り扱います。

　一方、預金名義人がその存在を知らなかったり、通帳や印鑑を被相続人が管理しているなど、預金が実質的に被相続人に帰属するものと認められる場合には相続財産と認定されます。当該資金が貯蓄されている場合はその残高が被相続人に帰属する「名義預金」として取り扱います。

実務上のポイント

　名義財産の判定においては、被相続人の資金が親族へ移動している場合、贈与事実があったか否かにより課税関係が異なってきます。

　ただし、このような事実認定は、当事者の心理、内面によるところが大きいため、実務においては、贈与事実の有無、管理及び運用の状況など外形的証拠を積み重ねて判断がなされます。

ケース④　贈与の時期による課税関係の相違点

事例

　被相続人・甲野太郎の相続開始日は、平成28年12月31日です。

　平成27年5月1日に、被相続人の口座から長男・一郎の口座へ300万円の資金移動があります。

　相続開始日は平成28年12月31日であり、資金の移動は平成27年5月1日であるため、相続開始前3年以内にあたります。

被相続人の通帳

普通預金（兼お借入明細）

	お取引内容	お支払金額（円）	お預り金額（円）	
27-5-1	振込 コウノイチロウ	3,000,000		10,234,567
27-6-2	ATM(038)	300,000		9,934,567

相続人の通帳

普通預金（兼お借入明細）

年月日（和暦）	記号	お引出し金額（円）	お預入れ金額（円）	残　高（円）
25-5-1	振込	コウノタロウ	3,000,000	6,234,567
27-5-1	振替	3,000,000	スーパー定期	3,234,567
27-8-30	振替	スーパー定期利息	240	3,234,807

取扱い

　平成27年5月1日の資金の移動は、被相続人から相続人へ贈与されたものであるかにより取扱いが異なります。

　資金移動が被相続人から相続人へ贈与されたものであり、かつ、相続人自身が当該資金を管理・運用するものであれば、資金の移動の時点で贈与されたも

のとして取り扱います。

　一方、当該預金が実質的に被相続人に帰属するものと認められる場合には、その残高が被相続人に帰属する「名義預金」として取り扱います。

解　説

（1）相続開始前3年以内の贈与財産の加算

　資金移動が被相続人から相続人へ贈与されたものであり、かつ、名義人自身が当該資金を管理・運用するものであれば、受け渡しの時点で贈与されたものとして取り扱います。

　なお、被相続人の財産を相続した相続人に対する相続開始前3年以内の贈与は、「暦年（生前）贈与加算」として相続財産に加算されます（相法19）。

　一方、相続人名義の預金が実質的に被相続人に帰属するものと認められる場合には相続財産と認定されます。

実務上のポイント

　ここでは、生前贈与加算をして相続税で清算するからといって、当該贈与に対する課税手続が終了し、贈与税の納付義務が消滅するものではないため注意が必要です。

　相続財産に加算し、贈与税額控除を行ったとしても、贈与税の期限後申告を提出して、一旦贈与税を納付しなければなりません。そのため、贈与税額に対して後日無申告加算税と延滞税がかかります。

（2）相続開始5年前の資金移動

　被相続人から相続人への資金移動が、相続開始5年前の平成23年5月1日であったとします。生前贈与加算（相続開始前3年以内）の対象外の資金移動です。

この場合は、当該資金が被相続人から相続人へ贈与されたものであり、か
つ、相続人が資金を管理・運用するものであれば、相続人に対する贈与として
取り扱います。贈与税の申告の有無を確認し、必要に応じて贈与税の期限後申
告又は修正申告を行うこととなります。

　預金が実質的に被相続人に帰属するものと認められる場合は、(1)と同様で
す。

(3) 相続開始10年前の資金移動

　資金移動の時期が、さらに前の平成19年5月1日であり、この事実が平成31
年に行われた税務調査により発覚したとします。

　この資金移動が贈与であった場合、平成19年分贈与の申告期限は平成20
年3月15日であり、税務署長による贈与税の更正・決定の期間（申告期限から6年。
納税者に偽りその他不正行為があった場合は7年）を経過したものは課税できないこととな
ります。

　なお、資金が実質的に被相続人に帰属するものと認められる場合には名義預
金と認定されます。この場合は贈与されたものではないため、贈与税の除斥期間
は関係ありません（つまり、10年前に作成した子供名義の定期証書であっても、相続開始日
に至るまで被相続人の管理下にあったものは贈与税の除斥期間の適用はありません）。

(4) 贈与税の申告をしていれば贈与が成立といえるのか

　1年間に120万円の現金贈与を行い、贈与税申告書の提出と1万円の贈与税
の納付をしていれば、当該贈与が成立したといえるでしょうか。

　たしかに、贈与の事実があったか否かの判断に当たって、贈与税の申告及び
納税はひとつの証拠と認められます。

　ただし、贈与事実の存否は、あくまでも具体的な事実関係を総合勘案して判
断すべきものであり、贈与税の申告をしていたことのみをもって直ちに贈与事実を
認定することはできないことに留意が必要です。贈与税の申告は、贈与税額を
具体的に確定させる効力は有するものの、それをもって必ずしも申告の前提となる

224　第5章　名義預金・生前引出

課税要件の充足（贈与事実の存否）までも明らかにするものではないとされています（平成19年6月26日裁決〔TAINS・F0-3-218〕）。

　一方、贈与税の申告の有無と贈与の有無とは直ちに結びつくものではないため、贈与税の申告をしていないからといって贈与はなかったということもできないとされています（静岡地裁平成17年3月30日〔税資255・9982〕）。

ケース⑤　妻が専業主婦であった場合、生活余剰金（へそくり）は名義預金か

事例

　被相続人・甲野太郎の相続開始日は、平成28年12月31日です。

　専業主婦である妻は今まで勤めた経験はなく、被相続人の給与で生活費をやりくりし、余った生活余剰金を妻名義で貯金していました。

　妻は、毎月、生活費として現金40万円を受け取っており、余った分を自身の口座に入金しています（例えば10月28日は20万円、11月30日は18万円といった具合です）。

　これまでの貯蓄は、相続開始日において845万9,321円となっています。

妻の通帳

普通預金（兼お借入明細）

年月日（和暦）	記号	お引出し金額（円）	お預入れ金額（円）	残　　高（円）
28-10-15	振込	コクミンネンキン 300,000		7,654,321
28-10-28	現金	（123）カード	200,000	7,854,321
28-11-20	振込	25,000	K クレジットカード	7,829,321
28-11-30	現金	（123）カード	180,000	8,009,321
28-12-2	現金	50,000	（123）カード	7,959,321
28-12-15	振込	コクミンネンキン 300,000		8,259,321
28-12-28	現金	（123）カード	200,000	8,459,321

取扱い

　夫から妻へ渡された日々の生活費の受け渡しが、自動的に贈与契約を意味して贈与されたものとはいえないことから、相続開始日時点における貯金残高は夫の財産に該当することになります。

　したがって、相続開始日時点の残高から、年金収入の蓄積額や実家からの相続財産といった妻固有の財産を除外した金額が名義預金に該当します。

解　説

（1）妻名義の預金の帰属

　夫婦間において、夫の給与で生活費をやりくりし、余った生活余剰金を妻名義の預金として貯金しておくことは一般的に行われています。いわゆるへそくりです。

　相続税における財産の帰属の判定において、一般的には、当該財産の名義が誰であるかは重要な一要素となり得ますが、我が国においては、夫が自己の財産を、自己の扶養する妻名義の預金等の形態で保有するのも珍しいことではないというのが公知の事実であるため、それが妻名義であることの一事をもって妻の所有であると断ずることはできず、諸般の事情を総合的に考慮してこれを決する必要があるとされています（東京地裁平成20年10月17日判決〔TAINS・Z258-11053〕）。

（2）妻へ贈与された預金の帰属

　仮に被相続人が妻に生活費として処分を任せて渡していた金員があり、生活費の余剰分は自由に使ってよいと言っていたとします。それでも、このような言辞が直ちに贈与契約を意味してその預金等の全額が妻の特有財産となるものとはいえないとされています（平成19年4月11日裁決〔TAINS・F0-3-312〕）。

　また、妻名義の預金を妻自ら管理及び運用していたとしても、財産の管理及び運用を誰がしていたかは重要な一要素となり得ますが、夫婦間においては、妻が夫の財産について管理及び運用をすることがさほど不自然ではないことから、これを殊更重視することはできず、妻に帰属するものであったことを示す決定的な要素であるということはできないとされています（東京地裁平成20年10月17日判決〔TAINS・Z258-11053〕）。

（3）妻に帰属する財産

　ただし、夫婦間において民法上の贈与は成立しないということでもありません。夫から妻への贈与があって、かつ、当該資金を妻が管理及び運用しているもの

第4節　ケーススタディ　227

であれば、贈与された財産は妻に帰属するものとなります[25]。

　例えば、以下の資金移動が見られる場合、それが贈与であって、かつ、妻が資金を管理しているようなケースにおいては、当該300万円は妻固有の財産となります（233頁(3)参照）。

夫（被相続人）の通帳

普通預金（兼お借入明細）

	お取引内容	お支払金額(円)	お預り金額(円)	
27-5-1	振込 コウノハナコ	3,000,000		10,234,567
27-6-2	ATM(038)	300,000		9,934,567

妻の通帳

普通預金（兼お借入明細）

年月日（和暦）	記号	お引出し金額(円)	お預入れ金額(円)	残　高(円)
25-5-1	振込	コウノタロウ	3,000,000	6,234,567
27-5-1	振替	3,000,000 スーパー定期		3,234,567
27-6-15	年金	コクミンネンキン	120,000	3,354,567

（4）原資の拠出が妻によるもの

　また、たとえ妻が専業主婦であっても、妻名義の財産の原資が被相続人のものではなければ、それは妻の財産となります。妻に結婚持参金やパート収入、年金収入、実家からの相続並びにこれらの運用益があれば、その分は妻固有の財産と認められます。

25　夫婦間において贈与が成立するのは、相続税法21条の6において居住用不動産の贈与が認められていることからもわかります。ただし、金銭の贈与においては、贈与の事実が外形的にわかりにくいことから、贈与の都度、贈与契約書を作成しておくことが望ましいといえます。

なお、この場合は、原資たる妻の過去の収入額と現在の貯蓄額のバランスが重要です。

　夫の相続開始日において妻名義の預金5,000万円があった場合、妻のパート収入月6万円、20年分（年72万円×20年＝1,440万円）がその原資に値するか否かという問題です。

実務上のポイント

　相続税の実務では、夫の給与を原資とした専業主婦名義の財産はすべて夫のものというのが前提となっています。財産形成における妻の貢献（いわゆる内助の功）については、配偶者の税額軽減によって考慮されていると考えます。

　ただし、妻固有の財産は夫のものとはなりません。

　したがって、相続税申告においては、その妻名義の財産の中に、妻固有の財産はどれか、夫から贈与された財産はあるのかといったポイントを確認し相続財産の線引きを行うことが重要となります。

ケース⑥　未成年の子供名義の預金は名義預金か

事例

　被相続人は、4歳の孫名義で教育資金を貯蓄していました。

　この定期預金は、被相続人の相続開始時点において、被相続人に帰属する相続財産として認定されるのでしょうか。

孫名義の定期証書

定期証書

おなまえ	甲野 春夫 様	番号	00123456
おところ	東京都〇〇区〇〇	印鑑	㊞

お預り年月日
15-1-30　　1,000,000 円

据置期間　6か月　払戻開始年月日　15-7-30
利率 0.06%（3年以上）

東日本銀行株式会社

取扱い

　この資金が被相続人から孫へ贈与されたものであり、かつ、孫は未成年であるため親権者が当該預金を管理・運用するものであれば、孫に贈与されたものと取り扱われます。

　一方、当該預金の証書や印鑑を被相続人が保管しているなど、実質的には被相続人に帰属する借名預金である場合には、相続財産（名義預金）として取り扱われます。

解　説

　相続開始時に4歳の孫名義で何百万、何千万円と預金がある場合、通常4歳の子供は無収入ですから、贈与されたものか、名義が借用されたもののどちらかと考えられます。

　未成年に対する贈与は成立し、預金は孫に帰属するといえるでしょうか。

　民法上、未成年者は制限行為能力者です（民20①）。したがって、未成年者が法律行為を行うには法定代理人（未成年者の場合には親権者や未成年後見人等）の同意が必要となります（民5①）。

　ただし、未成年者が、単に権利を得、または義務を免れる法律行為については法定代理人の同意は不要とされており、取消権者（民120①）であっても制限行為能力者であることを理由として取り消すことはできません（民5①）。

　したがって、「贈与されること」は単に権利を取得するものであり、未成年者が単独で行うことが可能となります。

　受贈者が未成年者の場合、親権者が子供の財産を管理することが一般的です。祖父母から贈与された資金について親権者が管理及び運用を行っていれば名義人に帰属する財産といえます。

ケース⑦　親族への金銭の授受が、貸付金か生前贈与か

事　例

　被相続人・甲野太郎の相続開始日は、平成28年12月31日です。

　被相続人は、約8年前の平成20年3月30日に相続人へ資金を1,000万円貸し付け、無利息、無期限の金銭消費貸借契約を結んでいました。ただし、それ以降、返済されたことも、返済を請求したこともありません。

　これは被相続人から相続人への貸付金として相続財産にあたるのでしょうか。

相続人の通帳

普通預金（兼お借入明細）

年月日（和暦）	記号	お引出し金額（円）	お預入れ金額（円）	残　　高（円）
20-3-30	振込	コウノタロウ	10,000,000	17,654,321
20-4-20	振込	285,000	K クレジットカード	17,369,321
20-4-30	現金	1,000,000	(123)カード	16,369,321
20-5-14	現金	500,000	(123)カード	15,869,321

取扱い

　被相続人から親族へ金銭が貸し付けられ、その金銭消費貸借契約が有効に成立している場合には、返済期日、利息の定めがなく、また、返済の事実がなかったとしても、当該貸借契約は有効なものとされます。

　その場合には、その金銭を借主に贈与するといった明確な意思表示がない限り、貸付金と認められます。

　一方、親子間のような特殊関係者間の貸し借りにおいては、形式上の貸借としているにすぎない場合や、"ある時払いの催促なし"、"出世払い"などは贈与として取り扱うこととされています[26]。

26　国税庁タックスアンサー No.4420「親から金銭を借りた場合」

解　説

（1）貸付けか贈与か

　金銭の貸し借りをすることを金銭消費貸借契約といい、その金銭消費貸借の要件は、その金銭について返還するという合意があることと、実際に金銭を貸し渡した事実があることです。

　したがって、金銭消費貸借契約は、口頭だけでも成立しますが、書面を作成しないと事実証明をすることが難しいため、借用書を作成するのが一般的です。

　一方、贈与は、当事者の一方が自己の財産を無償で相手に与える意思を表示し、相手方が受諾の意思表示をすることによってその効力を生ずるものとされています（民549）。

　そこで、親族間において資金移動があった場合、それが貸付金なのか、贈与なのかといった点が問題となります。

（2）貸付金とされた事例

　例えば、宮崎地裁平成23年9月9日判決〔税資261・11762〕においては、被相続人から長男（相続人）へ渡された資金について貸付金にあたるのか、贈与にあたるのかが争われています。

　判決においては、被相続人が相続人に金銭を貸し付けたとする借用書があり、民法上、返済期日及び利息の定めがなくとも金銭消費貸借契約は成立するものと認められ、返済の事実の有無は当該契約の成立に影響しないこと、被相続人から相続人に対して贈与するという明確な意思表示があったと推認することはできないことなどから、当該金銭は、相続人に贈与されたものではないと判示されています。

（3）贈与とされた事例

　一方、被相続人の資金が相続人の口座へ入金されており、金銭消費貸借契約書などがとくになかったケースにおいて、夫と妻、親と子のような特殊な関係が

第4節　ケーススタディ　233

ある者の相互間で、無利子の金銭の授受があった場合には、それが貸与である
ことが明らかな場合でない限り、贈与があったものと認めるのが相当と判示されて
います(同宮崎地裁判決)。

ケース⑧　不当利得返還請求権が生じるケース

事 例

　被相続人・甲野太郎の相続開始日は、平成28年12月31日です。

　被相続人は平成25年（相続開始3年前）から入院しており、長男が生活費等の
支払いのために被相続人の口座を管理しています。

　被相続人は、入院前には孫たちへ正月や祝い事がある際に数万円程度の贈
与を行っていました。

　入院後は、長男家族（長男の妻及び孫3名）へ毎年各300万円の贈与が行われ
ています。

被相続人の通帳

普通預金（兼お借入明細）

	お取引内容	お支払金額(円)	お預り金額(円)	
26-1-10	振込 孫A	3,000,000		50,234,567
26-1-10	振込 孫B	3,000,000		47,234,567
26-1-10	振込 孫C	3,000,000		44,234,567
26-1-10	振込 長男妻	3,000,000		41,234,567
27-1-13	振込 孫A	3,000,000		38,234,567
27-1-13	振込 孫B	3,000,000		35,234,567
27-1-13	振込 孫C	3,000,000		32,234,567
27-1-13	振込 長男妻	3,000,000		29,234,567
28-1- 8	振込 孫A	3,000,000		26,234,567
28-1- 8	振込 孫B	3,000,000		23,234,567
28-1- 8	振込 孫C	3,000,000		20,234,567
28-1- 8	振込 長男妻	3,000,000		17,234,567

取扱い

　被相続人口座からの資金の流出が、被相続人の意思によるものであれば、被
相続人から各親族への生前贈与として取り扱います。

第4節　ケーススタディ　235

一方、被相続人の資金の使途が長男に対する委任の範囲を超え、預金の管理者である長男が不当に資金を費消したものであれば、長男に対する3,600万円（300万円×12回）の不当利得返還請求権が生じることとなります。

解　説

（1）不当利得返還請求権の成否

被相続人が高齢となると、相続人が被相続人の預貯金の通帳や印鑑を預かって資金を管理することがあります。

相続人が被相続人の資金の管理をしているといっても、その資金の使途は、被相続人から委任を受けた範囲で、被相続人のために使うことに限られます。

そして、相続人が、被相続人の委任の範囲を超えて資金を不当に費消したと認められる場合（例えば、被相続人の意に反して、相続税対策として孫へ贈与したり、他者へ寄附をしたりした場合）、被相続人には当該相続人に対する不当利得返還請求権が発生することとなります。そして、この債権は、相続財産として課税の対象となります。

（2）不当利得返還請求権が認められた事例

例えば、平成18年6月15日裁決〔TAINS・F0-3-180〕においては、被相続人の入院中に相続人の1人が銀行口座から引き出した現金に対して不当利得返還請求権が生じるか否かが争われています。

裁決は、被相続人の入院日後に引き出された現金のうち親族へ贈与がなされた4,800万円について、（イ）被相続人が入院日前に行っていた親族に対する数万円程度の贈与と、相続人が入院後に行った各100万円の贈与は金額の隔たりが大きいこと、（ロ）被相続人が入院日前に相続人に対して黙示の委任を与えていたとは認められないこと、（ハ）当該各贈与について相続人が被相続人の代理人として行っていたとする客観的な事実も認められないことからすると、当該各贈与は、相続人の意思に基づく、相続人自身のための支出であったと認められ、

当該贈与金額は法律上の原因もなく相続人が被相続人の財産により利益を受け、そのために被相続人の財産に損失を及ぼしたものと判断しています。

(3) 不当利得返還請求権が認められなかった事例

また、平成19年5月28日裁決〔TAINS・F0-3-315〕においては、平成11年から平成14年中に相続人が被相続人名義の預金口座から複数回にわたって引き出した現金1億291万8,026円に対して不当利得返還請求権が生じるか否かが争われています。

課税庁は、被相続人は、当該相続人に預金通帳等を預け、預金等を管理させていたものの、預金通帳等から勝手に引き出し費消することまでをも了承したものではないと認められるので、引き出した現金に係る相続人の行為に法律上の原因はなく、また、その費消した金員は、被相続人に損害を与えたものといわざるを得ないと主張しました。

これに対し裁決は、被相続人が相続人に預金通帳等を預けた趣旨は明らかでないものの、①両者に特段こじれた関係が認められないこと、②被相続人は正常な意思能力が欠けていたと認められないこと、③被相続人が預金引出行為を確認可能な状況下にある時もあったことなどから、被相続人は、預金引出行為について了知して許諾し、又は当該行為を黙認することにより追認していたものと認めるのが相当であるとし、本件においては、被相続人から相続人に対する贈与と認められ、相続財産(不当利得返還請求権)を構成しないと判断しています。

ケース⑨　使途不明金の課税関係

事 例

被相続人・甲野太郎の相続開始日は、平成28年12月31日です。

相続開始から2年以上前の平成26年4月30日に現金で1,000万円が引き出されています。

親族の預金に入金された形跡もなく、その他資産に化体した事実も確認できません。

この支出の取扱いはどのようにしたらよいでしょうか。

被相続人の通帳

普通預金 (兼お借入明細)

年月日 (和暦)	記号	お引出し金額 (円)	お預入れ金額 (円)	残　高 (円)
26-2-28	税金	98,000	コテイシサンゼイ	20,234,567
26-4-30	現金	10,000,000		10,234,567
26-6-15	年金	コクミンネンキン	200,000	10,434,567
26-6-30	ガ ス	9,852	トウキョウガス	10,424,715

取扱い

使途不明金は、相続税の課税財産に含めることはできません。

解　説

(1) 使途不明金の取扱い

相続財産の認定にあたって、被相続人の生前に使途不明となっている資金については、推定により財産計上をすることはできず、これが相続財産にあたることが明らかでなければ課税はできないこととなります。

(2) 相続財産の認定における立証責任

さて、被相続人の生前に引き出された使途不明金について、相続財産に該当するか否かの立証責任は納税者と課税庁のどちらにあるでしょうか。

これについては、申告納税制度の下で、納税者がした申告に対して、さらなる財産があるとして課税庁が課税処分を行う場合、課税要件に関する立証責任は原則として課税庁にあると解されています[27]。

したがって、生前に引き出された資金が、親族名義の預金となっていたり、生命保険に支払われていたり、不動産が購入されているなど資産性のある財産になっていることを課税庁が立証しなければなりません。

(3) 納税者による合理的な説明が必要とされるケース

ただし、状況によっては納税者による合理的な説明を必要とする場面もあります。

例えば、相続開始日直前で何百万円、何千万円という資金が引き出されているケースです（215頁）。この場合は、現金計上の有無について、日時や場所、手続実行者など様々な状況から判断することとなりますが、納税者において、現金はなかったと主張する際には、引き出された現金が他の使途に使われていることを合理的に説明する必要があり得ます。

また、被相続人の口座から資金が引き出され、近い日時に近い金額で親族の

27　相続税に関する課税処分の取消訴訟においては、相続財産の存在及びその金額について課税庁が立証責任を負うことはいうまでもないと述べられています（東京地裁平成23年5月17日判決〔税資261・11688〕）。

　例えば、納税者と課税庁との間で土地の評価の多寡を巡って争いのあるとき、納税者のした評価額に対して課税庁がこれよりも高い評価額により更正処分を行うとき、その評価の立証責任は課税庁にあります。

　ただし、納税者が当初申告した評価額が誤っていて、これよりも低い評価額であるとして更正の請求を行うときには、納税者に立証責任があります。更正の請求は、いったん確定した税額等を納税者に有利に変更するものであるから、納税者に自ら記載した申告内容が真実に反し、請求に理由があることの主張立証責任を課しています。

第4節　ケーススタディ　239

口座に入金があるケースです（219頁）。この場合も、資金移動の有無について、日時や金額、手続実行者など様々な状況から判断することとなりますが、納税者において、資金移動ではないと主張する際には、被相続人が出金した金銭を他に使用したことを合理的に説明する必要があり得ます。

これらはすべて、経験則に照らし、その都度、相続財産となり得るか否かの判断を要することとなります。

実務上のポイント

被相続人の口座から生前に引き出された資金については、現金として残っているのか、費消されているのか、別の資産に化体しているのかなどを確認し、財産性の有無を確認します。

資金の使途が明らかでない場合、財産性が立証されない限り相続財産とすることはできませんが、ここでいう立証には、①相続開始日時点にその現物があったことを直接的に証明する方法と、②相続開始日時点における現物は確認できないものの、他の使途に使われていないことを立証して現物があったものと推定する間接的な証明の2つが考えられます。

実務や裁判例では後者の見解に立っていることから、生前に引き出された資金が相続開始日に現存していたことを立証できなくても、他の使途に使われた形跡がないことを立証して相続財産と認定されることに留意が必要です。

参考 扶養義務者から生活費や教育費の贈与を受けた場合について

　従来、夫婦や親子、兄弟姉妹などの扶養義務者から生活費や教育費に充てるために取得した財産で、通常必要と認められるものについては贈与税がかからないものとされていました。いわゆるその都度贈与です。

　平成25年に扶養義務者（父母や祖父母）から教育費の贈与を受けた場合の一括贈与の非課税制度、平成27年に結婚・子育て資金の一括贈与の非課税制度が創設されましたが、いずれも時限立法となります[28]。

　したがって、前述のその都度贈与については、今まで通り非課税となります。

　このその都度贈与について、国税庁の質疑応答が公表されていますので参考として掲載しておきます。

国税庁資産課税課情報第26号平成25年12月12日
「扶養義務者（父母や祖父母）から「生活費」又は「教育費」の贈与を受けた場合の贈与税に関するQ&A」について（情報）

> **1　生活費又は教育費の全般に関するQ&A**
>
> > ［Q1-1］　扶養義務者（父母や祖父母）から生活費又は教育費の贈与を受けましたが、贈与税の課税対象となりますか。
>
> ［A］　扶養義務者相互間において生活費又は教育費に充てるために贈与を受けた財産のうち「通常必要と認められるもの」については、贈与税の課税対象となりません。
> 　　（注）1　「扶養義務者」とは、次の者をいいます。
> 　　　　①　配偶者
> 　　　　②　直系血族及び兄弟姉妹
> 　　　　③　家庭裁判所の審判を受けて扶養義務者となった三親等内の親族

28　前者は平成25年4月1日から平成31年（2019年）3月31日までの贈与について、後者は平成27年4月1日から平成31年（2019年）3月31日までの贈与について適用されます。

④ 三親等内の親族で生計を一にする者

　なお、扶養義務者に該当するかどうかは、贈与の時の状況により判断します。

2 「生活費」とは、その者の通常の日常生活を営むのに必要な費用（教育費を除きます。）をいいます。また、治療費や養育費その他これらに準ずるもの（保険金又は損害賠償金により補てんされる部分の金額を除きます。）を含みます。

3 「教育費」とは、被扶養者（子や孫）の教育上通常必要と認められる学資、教材費、文具費等をいい、義務教育費に限られません。

[Q1-2]　贈与税の課税対象とならない生活費又は教育費に充てるために贈与を受けた財産のうち「通常必要と認められるもの」とは、どのような財産をいいますか。

[A]　贈与税の課税対象とならない生活費又は教育費に充てるために贈与を受けた財産のうち「通常必要と認められるもの」とは、贈与を受けた者（被扶養者）の需要と贈与をした者（扶養者）の資力その他一切の事情を勘案して社会通念上適当と認められる範囲の財産をいいます。

[Q1-3]　数年間分の「生活費」又は「教育費」を一括して贈与を受けた場合、贈与税の課税対象となりますか。

[A]　贈与税の課税対象とならない生活費又は教育費は、生活費又は教育費として必要な都度直接これらの用に充てるために贈与を受けた財産であり、したがって、数年間分の生活費又は教育費を一括して贈与を受けた場合において、その財産が生活費又は教育費に充てられずに預貯金となっている場合、株式や家屋の購入費用に充てられた場合等のように、その生活費又は教育費に充てられなかった部分については、贈与税の課税対象となります。

　（注）「教育費」については、別途、「直系尊属から教育資金の一括贈与を受けた場合の贈与税の非課税（措法第70条の2の2）」が設けられています。

242　第5章　名義預金・生前引出

2 結婚費用に関するQ&A

> [Q2-1] 婚姻に当たって子が親から金品の贈与を受けた場合、贈与税の課税対象となりますか。

[A] 婚姻に当たって、子が親から婚姻後の生活を営むために、家具、寝具、家電製品等の通常の日常生活を営むのに必要な家具什器等の贈与を受けた場合、又はそれらの購入費用に充てるために金銭の贈与を受け、その全額を家具什器等の購入費用に充てた場合等には、贈与税の課税対象となりません。

　なお、贈与を受けた金銭が預貯金となっている場合、株式や家屋の購入費用に充てられた場合等のように、その生活費（家具什器等の購入費用）に充てられなかった部分については、贈与税の課税対象となります。

　（注）1　子が親から金品を受け取った場合は、原則として贈与税の課税対象となります。

　　　　　　ただし、扶養義務者相互間において生活費に充てるために贈与を受けた財産のうち通常必要と認められるものであり、必要な都度直接生活費に充てるために贈与を受けた財産については、贈与税の課税対象となりません。

　　　　2　個人から受ける結婚祝等の金品は、社交上の必要によるもので贈与をした者と贈与を受けた者との関係等に照らして社会通念上相当と認められるものについては、贈与税の課税対象となりません。

> [Q2-2] 子の結婚式及び披露宴の費用を親が負担した場合、贈与税の課税対象となりますか。

[A] 結婚式・披露宴の費用を誰（子（新郎・新婦）、その親（両家））が負担するかは、その結婚式・披露宴の内容、招待客との関係・人数や地域の慣習などによって様々であると考えられますが、それらの事情に応じて、本来費用を負担すべき者それぞれが、その費用を分担している場合には、そもそも贈与には当たらないことから、贈与税の課税対象となりません。

3 出産費用に関するQ&A

> [Q3-1] 出産に当たって子が親から検査・検診、分娩・入院に要する
> 費用について贈与を受けた場合、贈与税の課税対象となります
> か。

[A] 扶養義務者相互間において生活費に充てるために贈与を受けた場合
に、贈与税の課税対象とならない「生活費」とは、その者の通常の日常
生活を営むのに必要な費用（教育費を除きます。）をいい、治療費、養育費
その他これらに準ずるもの（保険金又は損害賠償金により補てんされる部分の金
額を除きます。）も含まれます。

　したがって、出産に要する費用で、検査・検診代、分娩・入院費に充
てるために贈与を受けた場合には、これらについては治療費に準ずるも
のであることから、（保険等により補てんされる部分を除き、）贈与税の課税対
象となりません。

　また、新生児のための寝具、産着等ベビー用品の購入費に充てるため
金銭の贈与を受けた場合についても、生まれてくる子供が通常の日常生
活を営むのに必要なものの購入費に充てられている部分については、贈
与税の課税対象となりません。

　　（注）　個人から受ける出産祝の金品は、社交上の必要によるもので贈
　　　　与をした者と贈与を受けた者との関係等に照らして社会通念上相
　　　　当と認められるものについては、贈与税の課税対象となりません。

4 教育費に関するQ&A

> [Q4-1] 贈与税の課税対象とならない「教育費」とは、どのようなもの
> をいいますか。

[A] 贈与税の課税対象とならない「教育費」とは、子や孫（被扶養者）の教
育上通常必要と認められる学資、教材費、文具費、通学のための交通
費、学級費、修学旅行参加費等をいい、義務教育に係る費用に限りま
せん。

　　（注）　個人から受ける入学祝等の金品は、社交上の必要によるもので
　　　　贈与をした者と贈与を受けた者との関係等に照らして社会通念上相
　　　　当と認められるものについては、贈与税の課税対象となりません。

5 その他の生活費に関するQ&A

[Q5-1] 子が居住する賃貸住宅の家賃等を親が負担した場合、贈与税の課税対象となりますか。

[A] 扶養義務者相互間において生活費に充てるために贈与を受けた場合に、贈与税の課税対象とならない「生活費」とは、その者の通常の日常生活を営むのに必要な費用（教育費を除きます。）をいい、通常の日常生活を営むのに必要な費用に該当するかどうかは、贈与を受けた者（被扶養者）の需要と贈与をした者（扶養者）の資力その他一切の事情を勘案して社会通念上適当と認められる範囲かどうかで判断することとなります。

したがって、子が自らの資力によって居住する賃貸住宅の家賃等を負担し得ないなどの事情を勘案し、社会通念上適当と認められる範囲の家賃等を親が負担している場合には、贈与税の課税対象となりません。

第**6**章

相続税の申告

第1節 相続税の申告

1 申告納税制度

相続税や贈与税は、納税者の申告により税額が確定する申告納税制度が採用されています。

相続税や贈与税の申告、更正の請求、更正及び決定の手続については、国税通則法に一般的な規定が、相続税法に特則的な規定が定められています。

2 申告義務の有無

相続税の申告と納税は、相続又は遺贈により財産（被相続人の死亡前3年以内に被相続人から贈与により取得した財産及び相続時精算課税の適用を受けた贈与財産を含みます）を取得した者の課税価格が、遺産に係る基礎控除額を超える場合において、障害者控除等を控除してもなお相続税額があるときに必要となります（相法27①）。

その遺産に係る基礎控除額の範囲内であれば、申告も納税も必要ありません。

実務上のポイント

配偶者の税額の軽減（相法19の2）や小規模宅地等についての相続税の課税価格の計算の特例（措法69の4）がないものとした場合の課税価格が基礎控除額を上回るときは、これらの特例を適用して納付すべき相続税額が零になる場合であっても、相続税の申告書の提出が必要となります。

3 申告書の提出期限

相続税の申告は、被相続人が死亡したことを知った日の翌日から10か月以内に行うこととなっています。

例えば、1月6日に死亡し、そのことを同日に知った場合には、その年の11月6日が申告期限になります。

ただし、この期限が土曜日、日曜日、祝日などにあたるときは、これらの日の翌日が期限となります（国通法10②）。

なお、相続税の申告を必要とする者が、申告書の提出期限前に申告書を提出しないで死亡した場合には、その相続人における申告書の提出期限は、その相続の開始があったことを知った日の翌日から10か月以内となります（相法27②）。

4 申告書の提出先

相続税の申告書の提出先は、相続又は遺贈により財産を取得した者の納税地の所轄税務署に提出することとされています（相法27①）。

この場合の納税地は、本来は相続又は遺贈により財産を取得した者の住所地等ですが（相法62）、被相続人の死亡時における住所地が日本国内にある場合は、当分の間、被相続人の住所地の所轄税務署に提出することとされています（相法附則3）。

5 書類の提出方法

納税者から税務署へ提出された申告書、申請書その他の書類は、それが到達した時に効力を生じます（到達主義）。

ただし、郵便又は信書便により提出された納税申告書については発信主義を適用し、通信日付印により表示された日を提出日とみなすこととされています（国通法22）。

発信主義となるもの	到達主義となるもの
郵便 レターパック ゆうパック　　など	（信書便法による信書便事業者として の許可を受けていない）宅配便業者 など

6 申告書の記載事項と添付書類

　相続税の申告書には、課税価格、相続税の総額の計算に関する事項、納税義務者の住所、氏名などを記載するとともに（相法施行規則13）、被相続人の死亡の時における財産及び債務、遺産分割の内容などを記載（相法施行規則16）した明細書を添付しなければなりません（相法27④）。

　なお、期限内申告書、期限後申告書又は修正申告書に記載すべき事項のうち、その一部について記載のないものの提出があった場合においても、財産の取得年月日、被相続人又は贈与をした者の氏名の記載がないもの等、その欠陥を税務署長が照会することにより補正することができる程度のものであるときは、その提出があった日において申告書の提出があったものとして取り扱われます（相基通27-7）。

7 遺産分割協議書の添付

　配偶者の税額軽減や小規模宅地等の特例を受けるためには、当該相続に係るすべての共同相続人が自署し、自己の実印を押した遺産分割協議書の写しの提出が求められます（相法施行規則1の6③一、措法施行規則23の2⑧一）。

　なお、相続登記においては記名押印でも可能です。

第1節　相続税の申告　251

【参考】相続税申告の際に提出する主な書類

1　相続税の申告書に記載されたマイナンバー（個人番号）について、税務署で本人確認（①番号確認及び②身元確認）を行うため、次の本人確認書類の写しを添付する必要があります。

　　なお、各相続人等のうち税務署の窓口で相続税の申告書を提出する方は、ご自身の本人確認書類の写しの添付に代えて、本人確認書類を提示していただいても構いません。

【本人確認書類】

①　番号確認書類（マイナンバー（12桁）を確認できる書類）として次に掲げるいずれかの書類
　・マイナンバーカード（個人番号カード）【裏面】(注)の写し　・通知カードの写し
　・住民票の写し（マイナンバーの記載があるものに限ります）など

②　身元確認書類（記載されたマイナンバーの持ち主であることを確認できる書類）として次に掲げるいずれかの書類
　・マイナンバーカード（個人番号カード）【表面】(注)の写し　・運転免許証の写し
　・身体障害者手帳の写し　・パスポートの写し　・在留カードの写し
　・公的医療保険の被保険者証の写し など

（注）　マイナンバーカードの表面で身元確認、裏面で番号確認を行いますので、本人確認書類として写しを添付する場合は、表面と裏面の両面の写しが必要となります。

2　相続税の申告書に添付して提出する主な書類は次のとおりです。

　　なお、重複する書類がある場合には、重ねて提出する必要はありません。

（1）　一般の場合

①　次のいずれかの書類
　イ　被相続人の全ての相続人を明らかにする戸籍の謄本（相続開始の日から10日を経過した日以後に作成されたもの）
　ロ　図形式の法定相続情報一覧図の写し（子の続柄が実子又は養子のいずれであるかが分かるように記載されたものに限ります）
　　　なお、被相続人に養子がいる場合には、その養子の戸籍の謄本又は抄本の提出も必要です。
　ハ　イ又はロをコピー機で複写したもの

②　遺言書の写し又は遺産分割協議書の写し

③　相続人全員の印鑑証明書（遺産分割協議書に押印したもの）

252　第6章　相続税の申告

（2）相続時精算課税適用者がいる場合

①	2（1）①に掲げる書類
②	遺言書の写し又は遺産分割協議書の写し
③	相続人全員の印鑑証明書（遺産分割協議書に押印したもの）
④	被相続人の戸籍の附票の写し（相続開始の日以後に作成されたもの）（コピー機で複写したものを含みます） 相続時精算課税適用者の戸籍の附票の写し（相続開始の日以後に作成されたもの）（コピー機で複写したものを含みます）^(注)

（注） 相続時精算課税適用者が平成27年1月1日において20歳未満の者である場合には、提出不要です。

（3）配偶者の税額軽減の適用を受ける場合

①	2（1）①に掲げる書類
②	遺言書の写し又は遺産分割協議書の写し
③	相続人全員の印鑑証明書（遺産分割協議書に押印したもの）
④	申告期限後3年以内の分割見込書（申告期限内に分割ができない場合に提出する必要があります）

（4）小規模宅地等の特例の適用を受ける場合^(注1)

①	2（1）①に掲げる書類		
②	遺言書の写し又は遺産分割協議書の写し		
③	相続人全員の印鑑証明書（遺産分割協議書に押印したもの）		
④	申告期限後3年以内の分割見込書（申告期限内に分割ができない場合に提出する必要があります）		
⑤	特定居住用宅地等に該当する宅地等^(注2)	1	特例の適用を受ける宅地等を自己の居住の用に供していることを明らかにする書類（特例の適用を受ける人がマイナンバー（個人番号）を有する場合には提出不要です）
		2	被相続人の親族で、相続開始前3年以内に自己等が所有する家屋に居住したことがないことなど一定の要件を満たす人が、被相続人の居住の用に供されていた宅地等につい

第1節　相続税の申告　253

		2	て特例の適用を受ける場合 （別居親族が特定居住用宅地等の特例の適用を受ける場合）
			イ　平成30年3月31日以前の相続又は遺贈により取得した宅地等である場合 　(イ)　相続開始前3年以内における住所又は居所を明らかにする書類（特例の適用を受ける人がマイナンバー（個人番号）を有する場合には提出不要です） 　(ロ)　相続開始前3年以内に居住していた家屋が、自己又は自己の配偶者の所有する家屋以外の家屋である旨を証する書類
			ロ　平成30年4月1日以後の相続又は遺贈により取得した宅地等である場合 　(イ)　イ(イ)の書類 　(ロ)　相続開始前3年以内に居住していた家屋が、自己、自己の配偶者、三親等内の親族又は特別の関係がある一定の法人の所有する家屋以外の家屋である旨を証する書類 　(ハ)　相続開始の時において自己の居住している家屋を相続開始前のいずれの時においても所有していたことがないことを証する書類
		3	被相続人が養護老人ホームに入所していたことなど一定の事由により相続開始の直前において被相続人の居住の用に供されていなかった宅地等について特例の適用を受ける場合
			イ　被相続人の戸籍の附票の写し（相続開始の日以後に作成されたもの） ロ　介護保険の被保険者証の写しや障害者の日常生活及び社会生活を総合的に支援するための法律第22条第8項に規定する障害福祉サービス受給者証の写しなど、被相続人が介護保険法第19条第1項に規定する要介護認定、同条第2項に規定する要支援認定を受けていたこと若しくは介護保険法施行規則第140条の62の4第2号に該当していたこと又は障害者の日常生活及び社会生活を総合的に支援するための法律第21条第1項に規定する障害支援区分の認定を受けていたことを明らかにする書類 ハ　施設への入所時における契約書の写しなど、被相続人が相続開始の直前において入居又は入所していた住居又は施設の名称及び所在地並びにその住居又は施設が次のいずれに該当するかを明らかにする書類 　(イ)　老人福祉法第5条の2第6項に規定する認知症対応型老人共同生活援助事業が行われる住居、同法第20条の

254　第6章　相続税の申告

		4に規定する養護老人ホーム、同法第20条の5に規定する特別養護老人ホーム、同法第20条の6に規定する軽費老人ホーム又は同法第29条第1項に規定する有料老人ホーム
		(ロ) 介護保険法第8条第28項に規定する介護老人保健施設又は同条第29項に規定する介護医療院
		(ハ) 高齢者の居住の安定確保に関する法律第5条第1項に規定するサービス付き高齢者向け住宅 ((イ)の有料老人ホームを除きます)
		(ニ) 障害者の日常生活及び社会生活を総合的に支援するための法律第5条第11項に規定する障害者支援施設 (同条第10項に規定する施設入所支援が行われるものに限ります。) 又は同条第17項に規定する共同生活援助を行う住居
⑥ 特定事業用宅地等に該当する宅地等	一定の郵便局舎の敷地の用に供されている宅地等の場合には、総務大臣が交付した証明書
⑦ 特定同族会社事業用宅地等に該当する宅地等	イ 特例の対象となる法人の定款 (相続開始の時に効力を有するものに限ります) の写し ロ 特例の対象となる法人の相続開始の直前における発行済株式の総数又は出資の総額及び被相続人及び被相続人の親族その他被相続人と特別の関係がある者が有するその法人の株式の総数又は出資の総額を記載した書類 (特例の対象となる法人が証明したものに限ります)
⑧ 貸付事業用宅地等に該当する宅地等(注3)	平成30年4月1日以後の相続又は遺贈により取得した宅地等である場合において、貸付事業用宅地等が相続開始前3年以内に新たに被相続人等の特定貸付事業の用に供されたものであるときには、被相続人等が相続開始の日まで3年を超えて特定貸付事業を行っていたことを明らかにする書類

(注) 1 小規模宅地等の特例の適用を受ける場合には、①〜④に掲げる書類を提出するとともに、この特例の適用を受ける宅地等の区分 (⑤〜⑧) に応じ、それぞれ⑤〜⑧に掲げる書類を提出する必要があります。
　　　2 ⑤の宅地等について特例の適用を受ける場合には、⑤の1に掲げる書類で、特例の適用を受ける人に係るものを提出 (被相続人の配偶者が特例の適用を受ける場合は提出不要です。) するとともに、⑤の2イ若しくはロ又は3の場合に該当するときには、それぞれ⑤の2イ若しくはロ又は3に掲げる書類で、特例の適用を受ける人に係るものを提出する必要があります。

(出典) 国税庁「相続税の申告のしかた (平成30年分用)」

第1節　相続税の申告　255

実務上のポイント

　戸籍謄本については、従来は原本の提出とされていましたが、平成30年4月1日以後は、「コピー機で複写したもの」でも可能となりました。

　一方で、配偶者の税額軽減や小規模宅地等の特例の適用を受ける場合の印鑑証明書については、従来どおり原本提出となります。

第2節 未分割の場合の申告

1 未分割の場合の申告

相続税の申告と納税は、被相続人が死亡したことを知った日の翌日から10か月以内に行います。

相続税の申告は、相続財産が分割されていない場合であっても上記の期限までにしなければなりません。

そのため、相続財産の分割協議が成立していないときは、各相続人などが民法に規定する相続分又は包括遺贈の割合に従って財産を取得したものとして相続税の計算をし、申告と納税をすることになります（相法55）。

その後、相続財産の分割が行われ、その分割に基づき計算した税額と申告した税額とが異なるときは、実際に分割した財産の額に基づいて修正申告又は更正の請求をすることができます。

2 遺産分割が行われていない場合の各種特例の手続

相続税の申告期限までに遺産分割が行われていない場合、原則として小規模宅地等の課税価格の特例及び配偶者の税額軽減の特例を受けることができません[29]。

この際、相続税の当初の申告書に「申告期限後3年以内の分割見込書」を添付して提出しておき、相続税の申告期限から3年以内に分割された場合には、特例の適用を受けることができます。

相続税の申告期限から3年以内に分割が行われた場合には、その分割のあっ

たことを知った日の翌日から4か月以内に更正の請求を行うことができます。

　一方、相続税の申告期限から3年以内に分割が行われなかった場合、3年を経過する日において相続等に関する訴えが提起されているなど一定のやむを得ない事情がある場合においては、「遺産が未分割であることについてやむを得ない事由がある旨の承認申請書」を申告期限後3年を経過する日の翌日から2か月を経過する日までに所轄の税務署長へ提出します。

　この「遺産が未分割であることについてやむを得ない事由がある旨の承認申請書」を提出し、その申請につき所轄税務署長の承認を受けた場合には、判決の確定の日など一定の日の翌日から4か月以内に分割されたときに、特例の適用を受けることができます。

　なお、この場合においても、分割が行われた日の翌日から4か月以内までに更正の請求を行う必要があります。

実務上のポイント

　小規模宅地等の課税価格の特例は、遺産の全部が分割されていなくても、特例対象宅地等の遺産分割が確定していれば、一部分割であっても適用を受けることができます。

29　小規模宅地等の特例や配偶者の税額軽減の適用については、相続税の申告書に、この特例の適用を受けようとする旨の記載及び計算に関する明細書その他の財務省令で定める書類の添付がある場合に限り適用されます。そして、当該「相続税の申告書」には期限後申告が含まれます。

　したがって、例えば、相続税の申告期限までに遺産分割が行われておらず、かつ、期限内申告もなされていない場合で2年後に遺産分割が成立した場合、期限後申告書からでも「3年以内の分割見込書」及び遺産分割協議書を添付すれば小規模宅地等の特例の適用は可能となります。

　また、申告期限内に遺産分割が確定してれば、期限後申告において、「3年以内の分割見込書」の添付がなくても同特例の適用は可能となります。

258　第6章　相続税の申告

3 数次相続の場合

被相続人の相続が開始したあと、遺産分割協議を行わないうちに相続人の1人が死亡するケースがあります。このように相続が2回以上重なることを数次相続といいます。

例えば、父が死亡したあと間もなく母も死亡し、相続人が子供2人となる場合です。

1 父の相続（1次相続）について

父の相続財産についての遺産分割協議は、本来相続人である母と子で行います。しかし、この協議の前に母が亡くなっているため、残された子は、子としての立場と母の相続人としての立場とで遺産分割協議を行います。

2 母の相続（2次相続）について

母の死亡に係る相続税の申告期限までに、父の遺産について母の取得分を零とする遺産の分割が行われているときは、母の相続財産に父の遺産を含める必要はありません。

しかし、母の相続税の申告期限までに父の遺産がなお未分割である場合には、父の遺産のうち、母の法定相続分2分の1に相当する部分は、母の相続財産として相続税の申告をする必要があります。

次に、相続税の申告書を提出した後、共同相続人である子の間で（父の遺産について）母の取得分を零とする遺産の分割をしたときは、前に申告した課税価格や税額が過大となったことを知った日の翌日から4か月以内に限り、更正の請求をすることができます（相法32）。

第2節　未分割の場合の申告　259

第**3**節 更正・決定の期間制限、更正の請求期間

1 更正・決定と更正の請求

　税務署長は、申告内容が税務調査と異なる場合には「更正」、申告書の提出がなかった場合には「決定」を行います。

　また、申告書を提出した納税者は、計算誤り等により、税額が過大となった場合には「更正の請求」をすることができます。

　ただし、これらにはそれぞれ期間の制限があります。

2 更正等の期間制限

　国税の賦課権（税務署長が更正、決定及び賦課決定を行うことができる権利）及び徴収権（国が既に確定した国税債権の履行を求め、収納する権利）については、期間の制限が設けられています。

　なぜなら、国の行使し得る権利をいつまでも無制限に認めていては、納税者の法的安定が得られないばかりでなく、国税の画一的執行も難しくなるからです。

　したがって、国税債権に関する期間制限は、賦課権については原則5年（国通法70）、徴収権についても5年（同法72①）とされています。

　また、納税者が納め過ぎた税金についての国に対する還付請求権も、徴収権と同様に5年の期間制限が定められています（同法74①）[30]。

30　かつては、更正の請求ができる期間は1年でしたが、平成23年12月2日以後に申告期限が到来する国税については、5年に延長されています。

　これに伴い、増額更正ができる期間も従前は3年だったものが5年に延長されています。

260　第6章　相続税の申告

3 賦課権の除斥期間

賦課権には、除斥期間の制度が採られています（除斥期間は、中断がないことなどから、徴収権の消滅時効とは異なります）。

抽象的納税義務が成立していても、未確定のまま賦課権の除斥期間を経過した場合には、賦課権の行使による課税はできません。

相続税の賦課権の除斥期間は、申告期限から5年となります（国通法70）。

相続税に限らず、ほとんどの税目は原則として5年です。ただし、贈与税の賦課権の除斥期間は、相続税法において、申告期限から6年と定められています（相法36①）（具体例については224頁参照）。

また、偽りその他不正の行為により、税額の全部もしくは一部を免れ又は還付を受けた場合における更正決定等の除斥期間は、7年となります（国通法70④）。

なお、賦課権の行使が除斥期間内の有効なものであるためには、その期間の末日までに、更正・決定又は賦課決定の通知書が納税者に到達することが必要です。

更正・決定及び賦課決定のできる期間の一覧

		内　容	期間 ※特段の記述がない場合は「法定申告期限」から	
更正・決定の除斥期間	原則	通常の更正・決定	5年 (注2)	贈与税及び移転価格税制に係る法人税等については6年
		・脱税の場合の更正・決定 ・国外転出時特例の対象となる場合 (注1) の更正・決定	7年	
		法人税に係る純損失等の金額についての更正	9年 (注2、3)	
	特例	裁決・判決等に伴う更正・決定	裁決・判決等があった日から6月	
		経済的成果の消失等に伴う更正	理由が生じた日から3年	
		災害による期限延長等の場合の更正の請求に係る更正	更正の請求があった日から6月	
更正の請求期間	原則	通常の更正の請求	5年	贈与税及び移転価格税制に係る法人税等については6年
		法人税に係る純損失等の金額についての更正の請求	9年 (注3)	
	特例	後発的事由に基づく更正の請求 (注4) ・課税標準等の計算の基礎となった事実に関する訴えについて、判決等により、その事実が異なることが確定したとき　等	事由が生じた日の翌日から2月	

（注1）　国外転出時までに納税管理人の届出及び税務代理権限証書の提出がある場合など一定の場合には、除斥期間は5年間となる。
（注2）　上記の更正・決定の除斥期間終了間際になされた更正の請求に係る更正は、当該更正の請求があった日から6月間行うことができる。
（注3）　平成30年4月1日以後に開始する事業年度において生じた欠損金額については、10年間となる。
（注4）　国税通則法の他、各税法の規定による特例あり。
（出典）財務省ホームページ

第4節 期限後申告及び修正申告の特則

1 国税通則法の定め

　期限内申告書を提出すべきであった者は、申告書の提出期限を経過した後でも、税務署長の決定があるまでは、いつでも納税申告書を提出することができます(これを期限後申告といいます。国通法18)。

　また、申告書を提出した者及び更正又は決定を受けた者は、①納付すべき税額に不足があるとき、②還付金の額に相当する税額が過大であるときなどにおいて、税務署長の更正があるまでは、課税標準等又は税額等を修正する納税申告書を提出することができます(これを修正申告といいます。国通法19)。

　なお、相続税については、特に、申告期限後に新たに生じた事情により、税額計算の基となる前提が変動することが少なくありません。

　そこで、相続税法において、期限後申告、修正申告の特則を設けています。

2 期限後申告の特則

　申告書の提出期限後において、次の事由が生じたことにより新たに申告書の提出要件に該当することとなった者は、期限後申告書を提出することができます(相法30①、相令8②)。

　　イ　共同相続人によって未分割財産の分割が行われ、課税価格が変動したこと

　　ロ　認知、推定相続人の廃除に関する裁判の確定、その他の事由により、

相続人が異動したこと

ハ　遺留分による減殺の請求[31]に基づき返還又は弁償すべき額が確定したこと

ニ　遺贈に関する遺言書が発見され、又は遺贈の放棄があったこと

ホ　条件付で物納が許可された場合でその条件が成就されないために許可が取り消され、又は取り消されることとなるときにおいて、物納に充てた土地について、土壌が特定有害物質等により汚染されていること又は除去しなければ土地の通常の使用ができない廃棄物等が地下にあることが判明したこと

ヘ　相続もしくは遺贈又は贈与により取得した財産についての権利の帰属に関する訴えについての判決があったこと

ト　分割後の被認知者からの価額請求があったことにより弁済すべき額が確定したこと

チ　条件付の遺贈について、条件が成就したこと

3　修正申告の特則

　申告書を提出した者及び更正又は決定を受けた者において、上記 **2** イ〜チまでに掲げる事由が生じたことにより、既に確定した相続税額が不足した場合には、修正申告書を提出することができます（相法31①）。

31　遺留分制度は平成30年7月6日に成立した民法（相続法）の改正により見直しが行われました。これにより、遺留分の減殺請求は「遺留分侵害額の請求」と改められています。

更正の請求の特則

1 国税通則法に定める後発的事由

　納税者によって更正の請求ができる期間も、前述のとおり、申告期限から5年と定められています（国通法23）。

　ただし、国税通則法において、更正の請求ができる期間を経過したとしても、以下のいずれかの事由（後発的事由）により、課税価格等が過大となった場合には、その事由が生じた日の翌日から2か月以内であれば更正の請求ができることとされています（国通法23②）。

　イ　申告、更正又は決定に係る課税標準等又は税額等の計算の基礎となった事実に関する訴えについての判決（判決と同一の効力を有する和解その他の行為を含む）により、その事実が当該計算の基礎としたところと異なることが確定した場合

　ロ　申告、更正又は決定に係る課税標準等又は税額等の計算にあたってその申告をし、又は決定を受けた者に帰属するものとされていた所得その他課税物件が他の者に帰属するものとする当該他の者に係る国税の更正又は決定があった場合

　ハ　法定申告期限後に生じた上記イ又はロに類するやむを得ない理由があるとき

　ここでいう後発的事由は、当初申告の課税標準又は税額の基礎となる事実が異なることとなり、当初申告を是正する必要があるという点がポイントです。

2 相続税法に定める後発的事由

さらに、相続税法において、相続税や贈与税の固有の事由によって納付すべき税額が過大となった場合における更正の請求の特則が設けられています（相法32）。

国税通則法に定める更正の請求ができる期間を経過したとしても、以下のいずれかの事由により、課税価格及び相続税額が過大となった場合には、その事由が生じたことを知った日の翌日から4か月以内に限り更正の請求をすることができます（相法32①一～八）。

イ　共同相続人によって未分割財産の分割が行われ、課税価格が変動したこと

ロ　認知、推定相続人の廃除に関する裁判の確定、その他の事由により、相続人が異動したこと

ハ　遺留分による減殺の請求[32]に基づき返還又は弁償すべき額が確定したこと

ニ　遺贈に関する遺言書が発見され、又は遺贈の放棄があったこと

ホ　条件付で物納が許可された場合でその条件が成就されないために許可が取り消され、又は取り消されることとなるときにおいて、物納に充てた土地について、土壌が特定有害物質等により汚染されていること又は除去しなければ土地の通常の使用ができない廃棄物等が地下にあることが判明したこと

ヘ　相続もしくは遺贈又は贈与により取得した財産についての権利の帰属に関する訴えについての判決があったこと

ト　分割後の被認知者からの価額請求があったことにより弁済すべき額が確定したこと

チ　条件付の遺贈について、条件が成就したこと

32　前掲・注31

3 国税通則法の特則と相続税法の特則の関係

更正の請求に関する一般的な規定は、国税通則法23条に規定されています。そこでは、1項において通常の場合の更正の請求、また、2項において一般的な後発的事由に基づく場合の更正の請求が規定されています。

そして、2項の1号には、その申告、更正又は決定に係る課税標準等又は税額等の基礎となった事実に関する訴えについての判決（判決と同一の効力を有する和解その他の行為を含む）により、その事実が当該計算の基礎としたところと異なることが確定した場合に、その確定した日の翌日から2月以内に更正の請求をすることができることが規定されています。

これに対して、相続税については、国税通則法に定める事由に該当しない場合、すなわち課税価格又は相続税額が法の規定に従って計算されている場合や国税通則法に定める一般的な後発的事由にも該当しない場合であっても、相続、遺贈又は贈与により財産を取得した者の間の負担の公平を図るため、課税価格又は税額を更正すべきであると認められる場合に、その相続税法特有の事由を具体的に規定しています。

したがって、相続税法の特則は、国税通則法23条の一般的な規定に対し、相続税法特有の後発的事由に基づき特例的に更正の請求を認めるために設けられた特別規定といえます。

4 ケース別 更正の請求の可否

1 申告期限から5年が経過した後の未分割財産の分割

共同相続人において、相続税の申告期限までに遺産分割が成立しなかったので、法定相続分に基づき申告をしたとします。

申告期限から5年が経過した後に、共同相続人によって未分割財産の分割が行われて課税価格が変動した場合には、その事由が生じたことを知った日の翌日

第5節　更正の請求の特則　267

から4か月以内に更正の請求をすることができます。

　この場合に、小規模宅地等の課税価格の特例や配偶者の税額軽減の特例の適用を受けるためには、あらかじめ「申告期限後3年以内の分割見込書」及び「遺産が未分割であることについてやむを得ない事由がある旨の承認申請書」が所轄の税務署に提出されている必要があります。

2 更正の請求において評価誤りに基づく部分の減額を請求することの可否

　共同相続人において、相続税の申告期限までに遺産分割が成立しなかったので、法定相続分に基づき申告をしたとします。

　申告期限から5年が経過した後に、遺産分割が成立した場合には更正の請求ができますが、その際に気が付いた土地の評価誤りに係る減額も請求できるでしょうか。

　この場合、評価誤りに基づく部分については、更正の請求ができる期間を徒過しているため減額の対象とはなりません。

　減額更正は、未分割の遺産を分割した結果、課税価格及び相続税額が過大となる部分の金額のみに限られます。

3 遺留分の減殺請求があった場合

　被相続人が遺言書を残しており、他の相続人から遺留分の減殺請求[33]が家庭裁判所へ申立てられているケースです。

　例えば、遺言書において、長男が全ての財産を取得するとされていた場合、申告期限内においては遺言書にしたがって当初申告を行います。

　その後、二男の遺留分の減殺請求が認められた場合、相続税について申告書を提出した者（長男）は、その申告に係る課税価格及び相続税額が、遺留分による減殺請求に基づき返還すべき、又は弁償すべき額が確定したことにより過大となったときは、その事由が生じたことを知った日の翌日から4か月以内に更正の請求をすることができます（相法32①）。

33　前掲・注31

一方、遺留分の減殺請求により返還を受けた二男については、新たに相続税の申告書を提出すべき要件に該当することとなりますので、期限後申告書を提出します（相法30①）。

　この場合、期限後申告による延滞税については、相続税の法定納期限の翌日から期限後申告書の提出があった日までの期間はかかりません（相法51②）。

4 遺産分割の調停により財産を取得しなくなった場合

　共同相続人において、相続税の申告期限までに遺産分割が成立しなかったので、法定相続分に基づき申告をしたとします。

　その後、家庭裁判所の遺産分割の調停において、共同相続人のうちの1人が相続財産を取得しないことが確定した場合、その相続人は、この調停から4月以内に更正の請求をすることができます。

　このケースは遺産の「分割」ではありませんが、調停により相続財産を取得しないことが確定していることから、更正の請求の特則（相法32①一）に該当することとなります。

5 不動産の所有権の帰属が異なるものとなった場合

　例えば、不動産の登記名義が被相続人であったことから、当初申告においては、その不動産を相続財産であると申告したとします。

　ところが、その後、当該不動産の共有持分を被相続人から贈与されていたと主張する甲が現れたとします。甲と相続人は、裁判で当該不動産の所有権の帰属を争い、甲への贈与があったことが認められる判決が下されました。

　このようなケースにおいては、当初申告において当該不動産を相続により取得した財産としていたものを除外すべきであり、当初申告の過誤を正す必要があることから、課税標準等又は税額等の基礎となった事実に関する訴えについての判決により確定した日の翌日から起算して2月以内に更正の請求をすることができます。

　なお、このような当初申告を是正するための更正の請求は、相続税法の特則である4か月以内ではありませんので留意が必要です。

第5節　更正の請求の特則　269

6 相続時精算課税適用財産について評価誤りが判明した場合

相続時精算課税制度を適用している場合において、相続税申告時に適用財産の評価誤りが判明した場合です。

（増額又は減額）更正をすることができなくなった贈与税の期限内申告書に記載された課税価格について、申告した財産について評価誤りがあったことが判明した場合には、当該贈与税については更正をすることはできません。

ただし、相続税の課税価格に加算される財産の価額は、贈与税の期限内申告書に記載された課税価格ではなく、当該贈与税の課税価格計算の基礎に算入される当該財産に係る贈与の時における価額と解されています（相法21の15①、相基通21の15-1・2）。

したがって、当該贈与税について更正をすることはできなくなった場合においても、評価誤りを是正した後の当該財産に係る贈与の時における価額が相続税の課税価格に加算される財産の価額となります[34]。

なお、この場合、相続税額から控除される贈与税相当額は、課せられた贈与税相当額となります（相法21の15③）。

34　国税庁質疑応答事例「相続時精算課税適用財産について評価誤り等が判明した場合の相続税の課税価格に加算される財産の価額」

270　第6章　相続税の申告

第6節 更正及び決定の特則

1 国税通則法の定め

申告納税制度においては、納税義務者が自ら申告・納税することが原則となりますが、法解釈の相違、財産の評価の認定の相違等によって、申告額の過不足が認められるケースがあります。

そこで、申告された課税価格もしくは税額に過不足がある場合、または、申告義務のある者が申告をしていない場合には、税務署長は、課税価格及び税額を更正又は決定することとされています。

申告書の提出があった場合において、その納税申告書に記載された課税標準または税額の計算が国税に関する法律の規定に従っていなかったとき、当該申告書に係る課税標準または税額を更正します（国通法24）。また、納税申告書を提出する義務があると認められる者が当該申告書を提出していない場合には、当該申告書に係る課税標準及び税額を決定します（国通法25）。

2 更正及び決定の特則

税務署長は、266頁のイ～チによる更正の請求に基づいて更正をした場合、被相続人から相続又は遺贈により財産を取得した他の者が新たに相続税を納付すべきこととなるときは、その者に係る課税価格又は相続税額の更正又は決定をします（相法35③）。

ただし、この更正及び決定は、更正の請求があった日から1年を経過した日と国税通則法の更正期限（5年）のいずれか遅い方に限られます。

第6節　更正及び決定の特則　271

第7章

附帯税

第 **1** 節

加算税の種類

　附帯税とは、国税のうち延滞税、利子税、加算税（過少申告加算税、無申告加算税、不納付加算税、重加算税）をいいます（国通法2④）。

　納期限を過ぎて本税を納付したり、税務調査などにより本税を追徴課税された場合などに、一種の行政制裁として付加的に課される税です。

1 過少申告加算税（国通法65）

1 趣　旨

　納税義務者が、修正申告をしたり、税務署から申告税額の更正を受けたりすると、新たに納める税金のほかに過少申告加算税がかかります。

　過少申告加算税は、過少申告による申告漏れがある場合に課されるものであり、これによって、当初から適法に申告し納税した納税者との間の客観的不公平の実質的な是正を図ることを目的としています（最高裁平成24年7月19日判決〔税資262・12005〕参照）。

　また、過少申告による納税義務違反の発生を防止し、適正な申告納税の実現を図り、もって納税の実を挙げようとする行政上の措置としての機能があります。

2 税　率

　過少申告加算税の金額は、新たに納めることになった税金の10%相当額です。

　ただし、新たに納める税金が当初の申告納税額と50万円とのいずれか多い金

額を超えている場合、その超えている部分については15％になります。

　税務署の調査通知を受ける前に自主的に修正申告をすれば、過少申告加算税はかかりません。

　調査通知以後、税務署長による更正又は決定があることを予知せずにされた修正申告に基づく過少申告加算税は5％（当初の申告納税額と50万円とのいずれか多い金額を超えている部分については10％）となります。

2 無申告加算税（国通法66）

1 趣　旨

　納税義務者が、納税申告書を提出期限までに提出しなかった場合は、新たに納める税金のほかに無申告加算税がかかります。

　無申告加算税は、期限後申告による申告漏れの事実がある場合に課されるものであり、これによって、当初から適正に申告し納税した納税者との間の客観的不公平の実質的な是正を図ることを目的としています（宇都宮地裁平成24年6月7日〔税資262・11965〕参照）。

　また、期限後申告による納税義務違反の発生を防止し、適正な申告納税の実現を図り、もって納税の実を挙げようとする行政上の措置としての機能があります。

　申告納税制度においては、期限内に申告書が提出されることがまず重視されるべきと考えられていることから、期限における申告書提出の有無に応じて、過少申告加算税と無申告加算税とで税率に差が設けられています。

2 税　率

　無申告加算税の金額は、新たに納めることとなった金額の15％相当額です。

　ただし、納める税金が50万円を超えている場合、その超えている部分については20％になります。

　なお、税務署の調査通知を受ける前に税務署長による更正又は決定があるこ

276　第7章　附帯税

とを予知せずに納税申告書又は修正申告書の提出をした場合には、税率が5%に軽減されます。

調査通知以後、税務署による更正又は決定があることを予知せずにされた期限後申告に基づく無申告加算税は10%（50万円超の部分は15%）となります。

3 重加算税 (国通法68)

1 趣 旨

重加算税の制度は、納税者が過少申告をするについて隠ぺい、仮装という不正手段を用いていた場合に、過少申告加算税よりも重い行政上の制裁を科することによって、悪質な納税義務違反の発生を防止し、もって申告納税制度による適正な徴税の実現を確保しようとするものです（最高裁平成7年4月28日〔裁判所時報1146号1頁〕）。

2 税 率

納税義務者が、税額計算の基礎となる事実を隠ぺい・仮装したときに、過少申告加算税や無申告加算税に代えて35%（無申告の場合は40%）の税率が課されます。

第1節　加算税の種類　277

【参考】加算税の概要

名称	課税要件	課税割合 (増差本税に対する)	不適用・割合の軽減 要件	不適用・軽減割合
過少申告加算税(注3)	期限内申告について、修正申告・更正があった場合	10% ―――――――― [期限内申告税額と50万円のいずれか多い金額を超える部分(※)] 15%	・正当な理由がある場合 ・更正を予知しない修正申告の場合(注2)	不適用
無申告加算税(注3)	①期限後申告・決定があった場合 ②期限後申告・決定について、修正申告・更正があった場合	15%(注1) ―――――――― [50万円超の部分] 20%(注1)	・正当な理由がある場合 ・法定申告期限から1月以内にされた一定の期限後申告の場合	不適用
			更正・決定を予知しない修正申告・期限後申告の場合(注2)	5%
重加算税	仮装・隠蔽があった場合	[過少申告加算税・不納付加算税に代えて] 35%(注1) ―――――――― [無申告加算税に代えて] 40%(注1)		

（※の例）

（注1） 過去5年内に、無申告加算税（更正・決定予知によるものに限る）又は重加算税を課されたことがあるときは、10%加算。

（注2） 調査通知以後、更正・決定予知前にされた修正申告に基づく過少申告加算税の割合は5%（※部分は10%）、期限後申告等に基づく無申告加算税の割合は10%（50万円超の部分は15%）。

（注3） 財産債務調書・国外財産調書に記載がある部分については、過少（無）申告加算税を5%軽減（所得税・相続税）、これらの調書の不提出・記載不備に係る部分については5%加重（所得税）。

（出典）財務省ホームページ

第2節 延滞税

1 延滞税とは

税金が定められた期限までに納付されない場合には、原則として法定納期限の翌日から納付する日までの日数に応じて、利息に相当する延滞税が自動的に課されます（国通法60）。

例えば次のような場合には延滞税が課されます。

① 申告などで確定した税額を法定納期限までに完納しないとき

② 期限後申告書又は修正申告書を提出した場合で、納付しなければならない税額があるとき

③ 更正又は決定の処分を受けた場合で、納付しなければならない税額があるとき

いずれの場合も、法定納期限の翌日から納付する日までの日数に応じた延滞税を納付しなければなりません。

なお、延滞税は本税だけを対象として課されるものであり、加算税などに対しては課されません。

2 延滞税の割合

法定納期限の翌日から納付する日までの日数に応じて、次の割合により延滞税が課されます。

① 納期限の翌日から2月を経過する日まで

次の(イ)と(ロ)のいずれか低い割合となります。

（イ）原則として年「7.3%」

（ロ）平成12年1月1日から平成25年12月31日までの期間は、「前年の11月 30日において日本銀行が定める基準割引率+4%」の割合、平成26年 1月1日以後の期間は、年「7.3%」と「特例基準割合[35]+1%」

なお、具体的な割合は、次の通りとなります。

平成27年1月1日から平成27年12月31日までの期間は、年2.8%

平成26年1月1日から平成26年12月31日までの期間は、年2.9%

平成22年1月1日から平成25年12月31日までの期間は、年4.3%

平成21年1月1日から平成21年12月31日までの期間は、年4.5%

平成20年1月1日から平成20年12月31日までの期間は、年4.7%

平成19年1月1日から平成19年12月31日までの期間は、年4.4%

平成14年1月1日から平成18年12月31日までの期間は、年4.1%

平成12年1月1日から平成13年12月31日までの期間は、年4.5%

② 納期限の翌日から2月を経過した日以後

次の(イ)と(ロ)のいずれか低い割合となります。

（イ）原則として年「14.6%」

（ロ）平成26年1月1日以後の期間は、年「14.6%」と「特例基準割合+ 7.3%」

なお、具体的な割合は、次のとおりとなります。

---

35 特例基準割合とは、各年の前々年の10月から前年の9月までの各月における銀行の新規の短期貸 出約定平均金利の合計を12で除して得た割合として各年の前年の12月15日までに財務大臣が告示 する割合に、年1%の割合を加算した割合をいいます。

280 第7章 附帯税

平成27年1月1日から平成27年12月31日までの期間は、年9.1％
平成26年1月1日から平成26年12月31日までの期間は、年9.2％

設例を示すと以下のとおりです。

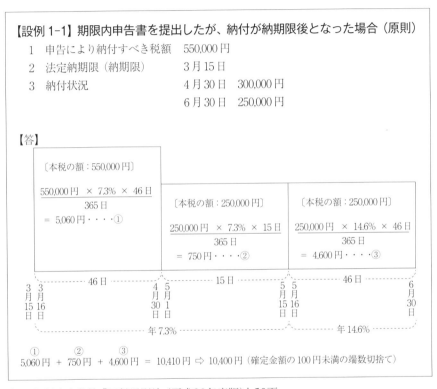

（出典）税務大学校『国税通則法（平成30年度版）』50頁

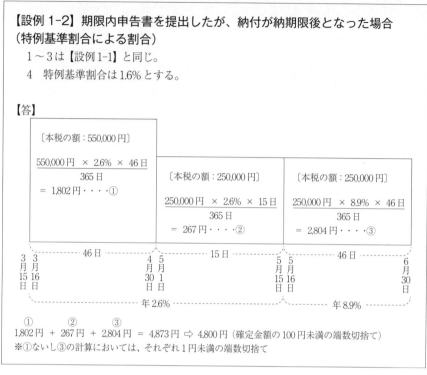

(出典）税務大学校『国税通則法（平成30年度版）』50頁

3 延滞税の計算期間の特例

　①期限内申告書が提出されていて、法定申告期限後1年を経過してから修正申告又は更正があった場合及び②期限後申告書が提出されていて、その申告書提出後1年を経過してから修正申告又は更正があった場合には、1年を経過する日の翌日から修正申告書が提出された日又は更正通知書が発せられた日までは、延滞税の計算期間に含めないという特例があります（国通法61）。

　つまり、延滞税は1年分しかかからないということです。ただし、修正申告書を提出した日、又は、更正通知書を発送した日から再度延滞税の計算にカウントされます。

なお、隠ぺい仮装（国通法68）や偽りその他不正の行為（通則法70④）により国税を免れた場合においては、この特例の適用はありません。

申告所得税のケースですが例示しておきます。

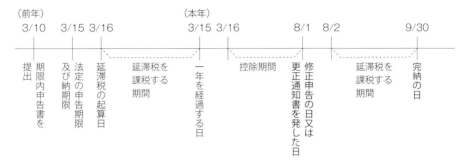

実務上のポイント

相続税申告書の作成にあたっては、被相続人に帰属する財産であるか否か判断が分かれる場合や、財産の評価方法が2通り以上考えられる場合があります。

相続税の申告後に増額更正のリスクがある場合には、附帯税がどの程度かを考慮した上で判断を行う必要があります。

第3節 還付加算金

1 還付加算金の金額

国税の納付遅延に対し延滞税が課されることとの均衡から、還付金にも利息にあたる加算金がつきます。これを還付加算金といいます。

還付加算金の計算は、起算日（納付の日）から還付の支払決定日又は充当日までの期間に年7.3%と特例基準割合のいずれか低い割合の加算金が加算されます（国通法58）。

還付加算金は、①更正・決定により確定した税額が減額されたり、②更正の請求に基づく更正により税額が減額された場合に付されます。

【設例1-1】減額更正により発生した過納金に対する還付加算金の計算（原則）

①	更正・決定等により確定した税額		340,000円
②	納付状況	7月15日	340,000円
③	減額更正により確定した税額	9月30日	40,000円
④	過納金（②-③）		300,000円
⑤	還付のための支払決定	10月15日	

【答】

300,000円 × 7.3% × 92日（7/16〜10/15）÷ 365日 ＝ 5,520円

100円未満の端数を切り捨てて5,500円となる。

---

284 第7章 附帯税

> 【設例1-2】減額更正により発生した過納金に対する還付加算金の計算
> （特例基準割合適用）
>
> 　　①～⑤は【設例1-1】と同じ。
>
> 　　⑥　特例基準割合は、1.6%とする。
>
> 【答】
>
> 　　300,000円 × 1.6% × 92日（7/16～10/15）÷ 365日 ＝ 1,209円
>
> 　　100円未満の端数を切り捨てて1,200円となる。

（出典）税務大学校講本「国税通則法（平成30年度版）」87頁

2　還付加算金の起算日

　還付加算金は、次の表にある起算日から還付の支払決定日又は充当日（充当日前に充当適状日がある場合はその充当適状日）までの起算に加算されます。

還付金等の区分		起算日
1　還付金及び次に掲げる過納金		
	(1)　更正・決定又は賦課決定により確定した税額が減額されたことにより生じた過納金（次の2の過納金を除く。）	納付の日（この日が法定納期限前である場合は法定納期限）の翌日
	(2)　納税の告知がされた確定手続を要しない国税が減額されたことにより生じた過納金	
2　更正の請求に基づく更正により税額が減額されたことにより生じた過納金		更正の請求があった日の翌日から起算して3月を経過する日とその更正があった日の翌日から起算して1月を経過する日とのいずれか早い日の翌日
3　上記1及び2以外の次に掲げる過誤納金		
	(1)　申告により確定した税額が更正の請求によることなく更正により減額されたことにより生じた過納金	更正通知書を発した日の翌日から起算して1月を経過する日の翌日
	(2)　その他の過誤納金	納付した日（その日が法定納期限前であるときは法定納期限）の翌日から起算して1月を経過する日の翌日

● 監修 ─────────────

松林 優蔵（まつばやし・ゆうぞう）

1953年生まれ。税理士。

1975年4月東京国税局入局、同局直税部資料調査課実査官、同局課税第一部資料調査課主査、税務署資産課税第一統括官、同副署長、東京国税局課税第一部資料調査課長等を経て2011年7月税務署長。2013年7月同局を退職し、同年8月税理士登録。一般社団法人租税調査研究会主任研究員。主な講演に「税務調査最前線〜改正国税通則法の影響」（一般財団法人大蔵財務協会、2015年）、「相続税調査 是否認のポイント」（丸の内税研アカデミー、2018年）などがある。

● 著者 ─────────────

風岡 範哉（かざおか・のりちか）

1978年生まれ。税理士・宅地建物取引士。

主な著作物に『相続税・贈与税 通達によらない評価の事例研究』（現代図書、2008年）、『税務調査でそこが問われる！ 相続税・贈与税における名義預金・名義株の税務判断』（清文社、2015年）、『新版 グレーゾーンから考える 相続・贈与税の土地適正評価の実務』（清文社、2016年）、『4STEP で身につく〈入門〉土地評価の実務』（清文社、2017年／共著）、主な論文に「財産評価基本通達6項の現代的課題」第28回日税研究賞入選（2005年）、主な講演に「相続税申告書作成講座」（ビズアップ総研、2017年）などがある。

専門税理士の相続税務
そこが知りたかった現場のノウハウ

2018年11月8日　発行

監修者　　松林　優蔵

著　者　　風岡　範哉　©

発行者　　小泉　定裕

発行所　　株式会社　清文社

東京都千代田区内神田1−6−6（MIFビル）
〒101-0047　電話 03（6273）7946　FAX 03（3518）0299
大阪市北区天神橋2丁目北2−6（大和南森町ビル）
〒530-0041　電話 06（6135）4050　FAX 06（6135）4059
URL http://www.skattsei.co.jp/

印刷：大村印刷㈱

■著作権法により無断複写複製は禁止されています。落丁本・乱丁本はお取り替えします。
■本書の内容に関するお問い合わせは編集部までFAX（03-3518-8864）でお願いします。
■本書の追録情報等は、当社ホームページ（http://www.skattsei.co.jp/）をご覧ください。

ISBN978-4-433-62328-9